Mauro Magni

Navigare sicuri tra le insidie del WEB

I reati commessi attraverso i social network (Facebook, Twitter), le clonazioni di carte di credito, il phishing (furto delle credenziali di accesso di conti bancari e account di posta elettronica) e le frodi sulle vendite on-line sono in continuo aumento.
Quanto è sicura la nostra navigazione? A quali rischi siamo esposti?
L'intento del libro è di mostrare le debolezze della nostra navigazione e dare alcuni consigli pratici ai meno esperti.

Prima edizione: maggio 2012
© Mauro Magni – lulu.com
Copertina: fotocomposizione di Mauro Magni
ISBN: 978-1-4716-9388-5

INDICE

INTRODUZIONE.. 3

IDENTITÀ VIRTUALE 4

TERMINI DELLA NAVIGAZIONE 6

PROTEGGERE LA PROPRIA IDENTITÀ 12

AGGIORNARE IL SOFTWARE 13

ATTIVARE IL PERSONAL FIREWALL 13

ANTIVIRUS E ANTI-SPYWARE 19

PROTEGGERE LE RETI WIRELESS 20

PROTEGGERE LA POSTA ELETTRONICA 22

PRUDENZA CON IL DOWNLOAD 22

DATI PERSONALI 23

PUBBLICARE INFORMAZIONI ONLINE 29

QUANTO È SICURA LA CONNESSIONE INTERNET? 29

DATI "RIVELATI" DALLA CONNESSIONE 30

IP PUBBLICO O PRIVATO 33

PROXY SERVER 38

COME NAVIGARE IN MODO ANONIMO 41

PROXY SERVER ANONIMI 42

I RISCHI DEI PROXY 66

TOR (THE ONION ROUTING) 67

LE 10 REGOLE DELLA SICUREZZA 78

RIFLESSIONE 79

Introduzione

Oggi tutto è affidato ai computer e Internet: la comunicazione (e-mail, cellulari), l'intrattenimento (film digitali, mp3), i trasporti (sistemi elettronici dell'automobile, navigazione degli aerei), acquisti (negozi on-line, carte di credito).

Siamo soggetti a molti rischi, alcuni più significativi di altri. Fra i più pericolosi vi sono i virus, che possono rendere inutilizzabile l'intero disco fisso, alterare i file, permettere a qualcun altro di usare il nostro computer per attaccarne altri, o rubare le informazioni della nostra carta di credito o del nostro conto corrente bancario.

Quando navighiamo in rete, il computer è sempre esposto a rischi e, se da un lato proteggerlo completamente è quasi impossibile, dall'altro si possono prevenire attacchi informatici e attivare barriere per proteggere i dati personali (contenuti nell'hard disk) utilizzando alcune precauzioni.

Un malintenzionato esperto e deciso ad avere informazioni riservate eluderà qualsiasi precauzione, ricorrendo anche a tecniche non strettamente informatiche (corruzione, pedinamento, infiltrazione nell'azienda, furto del computer, ...).

In realtà il pericolo più frequente è costituito da attacchi non mirati, con cui il malintenzionato esegue le sue utility (insieme di programmi), coinvolgendo un gran numero di computer, sperando di trovare "macchine" facilmente accessibili. Proprio per questo siamo tutti potenziali bersagli.

Il manuale è rivolto agli utenti meno esperti che navigano in Internet senza conoscere le insidie nascoste nella rete e ha lo scopo di descrivere alcuni strumenti software che ci permettono di nascondere l'identità.

Identità virtuale

Probabilmente non tutti sanno che durante la navigazione lasciamo tracce del nostro passaggio in ogni sito visitato e queste possono essere utilizzate in modo scorretto (o peggio fraudolento) da malintenzionati.

La visita ad uno sito Internet (es. www.google.com) genera un'informazione nel file di registro del server. Se siamo curiosi di conoscere il contenuto di esse, inseriamo il seguente link http://tools.rosinstrument.com/cgi-bin/isanon.pl nella barra degli indirizzi del browser.

Sarà visualizzata una schermata simile a questa:

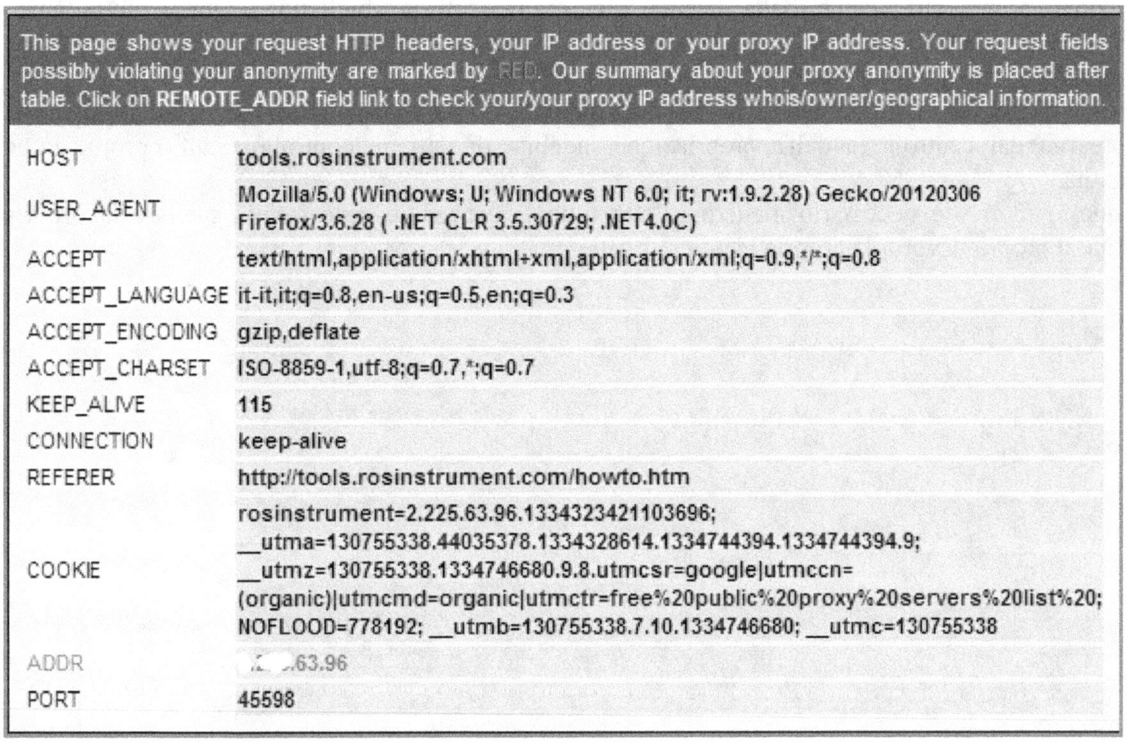

This page shows your request HTTP headers, your IP address or your proxy IP address. Your request fields possibly violating your anonymity are marked by RED. Our summary about your proxy anonymity is placed after table. Click on REMOTE_ADDR field link to check your/your proxy IP address whois/owner/geographical information.

HOST	tools.rosinstrument.com
USER_AGENT	Mozilla/5.0 (Windows; U; Windows NT 6.0; it; rv:1.9.2.28) Gecko/20120306 Firefox/3.6.28 (.NET CLR 3.5.30729; .NET4.0C)
ACCEPT	text/html,application/xhtml+xml,application/xml;q=0.9,*/*;q=0.8
ACCEPT_LANGUAGE	it-it,it;q=0.8,en-us;q=0.5,en;q=0.3
ACCEPT_ENCODING	gzip,deflate
ACCEPT_CHARSET	ISO-8859-1,utf-8;q=0.7,*;q=0.7
KEEP_ALIVE	115
CONNECTION	keep-alive
REFERER	http://tools.rosinstrument.com/howto.htm
COOKIE	rosinstrument=2.225.63.96.1334323421103696; __utma=130755338.44035378.1334328614.1334744394.1334744394.9; __utmz=130755338.1334746680.9.8.utmcsr=google|utmccn=(organic)|utmcmd=organic|utmctr=free%20public%20proxy%20servers%20list%20; NOFLOOD=778192; __utmb=130755338.7.10.1334746680; __utmc=130755338
ADDR	...63.96
PORT	45598

Fig.1

Nel campo USER_AGENT, sono indicate le informazioni del nostro browser, mentre nel campo ADDR, è indicato l'indirizzo IP del nostro computer (numero che identifica ogni computer nella rete).

Posizione geografica

Se invece ora nella barra degli indirizzi del browser inseriamo il seguente link http://tools.rosinstrument.com/cgi-bin/wi.pl, saranno visualizzate le informazioni della nostra connessione e la mappa della nostra posizione geografica.

Dati della connessione

Se vogliamo sapere, invece, quali informazioni si trovano nella nostra connessione, inseriamo il seguente link *http://analyze.privacy.net/Default.asp* oppure, in alternativa, il seguente link *http://leader.ru/secure/who.html*.

Test di sicurezza del browser

Se invece siamo curiosi di vedere qual è il grado di sicurezza del nostro browser, inseriamo il seguente link *http://browserspy.dk/math.php*. Esso ci porta ad una pagina, dove possiamo eseguire una serie di test per verificare quali informazioni "rivela il nostro browser" quando visita un sito.

Sono impressionanti sia il tipo sia la quantità di dati che "esponiamo" e rendiamo, quindi, visibili durante la nostra connessione ai siti web.

L'amministratore del server Web può raccogliere informazioni sulle richieste che noi eseguiamo nei motori di ricerca, le parole chiave utilizzate, il nostro browser e la lingua, data, ora, il sistema operativo, la posizione fisica e geografica e così via.

La propria identità virtuale costituisce un elemento fondamentale per compiere le più normali operazioni online che vanno dalla banale prenotazione di un biglietto aereo (o ferroviario) all'operazione più delicata che riguarda le operazioni bancarie. Tanto i privati quanto le aziende devono mettere in atto tutte le azioni di protezione possibile.

I pericoli informatici nella rete sono in rapida evoluzione e l'attenzione dei malintenzionati si sposta sempre più dal controllo e dall'appropriazione indebita di dati, al controllo e all'appropriazione d'identità.

Per questo motivo è necessario mettere in atto tutte le procedure necessarie a tutelare la propria identità, il proprio lavoro, la propria identità virtuale.

Termini della navigazione

Sito WEB

Rete Internet

Disco fisso

Pagine WEB

Sito Internet

Fig.2

Per sito web s'intende lo spazio sul disco fisso (hard disk) di un computer, in cui risiedono le pagine Web (informazioni messe a disposizione dell'utente in un particolare formato detto HTML).
HTML è l'acronimo di Hyper Text Markup Language, linguaggio di programmazione usato per la creazione di pagine web attraverso l'uso di particolari istruzioni chiamate tag.
Per visualizzare una pagina Web si utilizza un software chiamato Web browser; in commercio sono disponibili differenti tipi di software con diverse caratteristiche.
Elenchiamo di seguito i più utilizzati:

- Firefox è un programma open source (software i cui autori permettono il libero studio e l'apporto di modifiche da parte di altri programmatori)
- Internet Explorer prodotto dalla Microsoft
- Google Chrome prodotto da Google
- Safari sviluppato dalla Apple

Questo è il codice di una pagina HTML:
I caratteri racchiusi tra < > sono i tag, ciascuno dei quali ha una sua funzione specifica.

```
<html>
<body>

<h1>This is heading 1</h1>
<h2>This is heading 2</h2>
<h3>This is heading 3</h3>
<h4>This is heading 4</h4>
<h5>This is heading 5</h5>
<h6>This is heading 6</h6>

<p>
Use heading tags only for headings. Don't use them just to make something
bold. Use other tags for that.
</p>

</body>
</html>
```

Fig.3

che produce il seguente risultato quando utilizziamo un browser per visualizzarla:

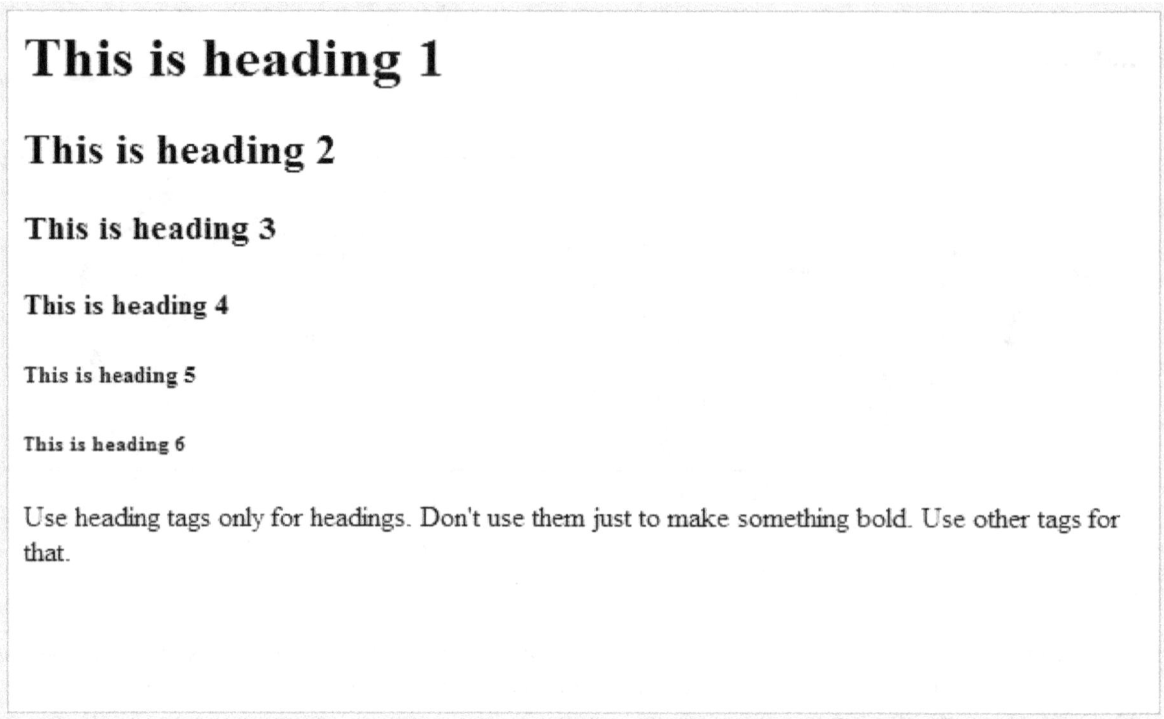

This is heading 1

This is heading 2

This is heading 3

This is heading 4

This is heading 5

This is heading 6

Use heading tags only for headings. Don't use them just to make something bold. Use other tags for that.

Fig.4

I server sono computer molto potenti che consentono di rispondere contemporaneamente alle numerose richieste dei computer che si trovano nella rete internet.

I Web server

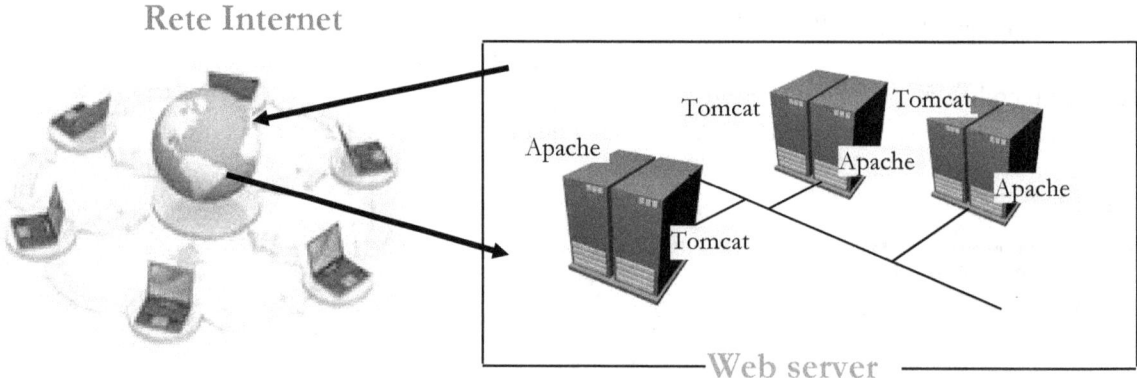

Fig.5

I **Web server** sono server (quindi computer), su cui sono installati particolari software per la visualizzazione di pagine web, cui accedono contemporaneamente molte persone per consultare pagine ricche di informazioni, collegate logicamente fra loro (pagine HTML). In pratica, sono software che vengono utilizzati dai provider (fornitore di servizi Internet) per individuare, tra i miliardi di informazioni presenti nella rete, quella che abbiamo richiesto. Ad esempio: digito www.google.it e cerco "pasta", il provider, attraverso i web server, individua tutti quei siti che riportano riferimenti al termine "pasta".

I due software più utilizzati sono:

Apache Tomcat (sviluppato dalla Apache Software Foundation)
Internet Information Services (IIS, sviluppato da Microsoft)

World Wide Web, ovvero il www

Il World Wide Web, abbreviato in WWW o Web, è un enorme contenitore di informazioni dislocate in tutto il mondo su migliaia di computer chiamati Web server. Questi contengono i siti Web composti a loro volta da migliaia di pagine elettronicamente collegate fra loro. Il numero totale di pagine sul Web si conta ormai in centinaia di miliardi. Tutte insieme formano una biblioteca globale di informazioni che ognuno può consultare usando un browser sul proprio computer.

URL

Acronimo di *Uniform Locator Resource*, è il nome del documento da ricercare nel Web, composto dal tipo di protocollo (insieme di regole per accedere al server) usato dal server (http, ftp, ecc.) seguito dai simboli "://" e dal nome del dominio (Es. http://www.miosito.com,ftp://ftp.sito.it).

Internet Service Provider

L' ISP, o l'Internet Service Provider (fornitore di servizi Internet), è un'azienda che fornisce ai clienti registrati, l'accesso ad Internet e ad altri servizi WEB. Oltre ad offrire una linea diretta a Internet, l'azienda gestisce i WEB server. L'ISP Fornisce il software necessario, la parola chiave, lo user account e il numero di telefono per la connessione con cui i sui clienti hanno la possibilità di navigare sul WEB e di scambiare e-mail.

Il WEB browser

I Web browser sono il mezzo per navigare in Internet e in commercio vi sono numerose tipologie per cui ognuno può scegliere quello che più soddisfa le proprie esigenze.

Quando attiviamo il browser e scriviamo l'indirizzo Web (URL) del sito, esso si mette in contatto con quel server, richiedendo la pagina Web che desideriamo e la visualizza sul nostro computer.

Sul computer possiamo installare tutti i browser che vogliamo senza problemi di conflitti, ognuno di essi lavora indipendentemente dall'altro; tuttavia, saremo costretti a sceglierne uno come default.

IP address

Affinché due o più computer connessi alla rete Internet possano comunicare tra loro è necessario che ciascuno di essi abbia un identificativo ben preciso ed univoco nella rete Internet: questo è l'IP address.Esso è composto da quattro gruppi di quattro numeri ciascuno, separati da un punto.

Es. 192.168.28.30

LAN, MAN, WAN

Le reti di computer sono suddivise in tre tipologie secondo la loro estensione spaziale:

- LAN - Local Area Network (rete locale)

  Collega nodi relativamente vicini, nell'ambito di uno stesso edificio.
- MAN - Metropolitan Area Network (rete metropolitana)

  Collega nodi a distanze massime di decine di chilometri.
- WAN - Wide Area Network (rete geografica)

  Collega nodi a qualsiasi distanza, anche planetaria.

Modem e router ADSL

Con il termine modem ADSL s'intende lo strumento hardware che esegue la connessione a Internet tramite la linea telefonica. Il modem fornisce la connessione ad almeno un computer tramite un cavo di rete oppure un cavo USB.

Il **router** è uno strumento hardware che gestisce la connessione tra più computer contemporaneamente; in generale, il router ha sempre bisogno di un modem che gli fornisce la connessione ad Internet.

Proxy

Un proxy è un server su cui è installato un programma che si interpone tra un client (noi) ed un web server, facendo da tramite, ovvero inoltrando le richieste e le risposte, dall'uno all'altro.

Il client si collega al proxy che a sua volta si collega al web server (sito); il proxy riceve la risposta dal web server e la inoltra al client.

In pratica, nel proxy sono installati programmi che gli permettono di fare da "filtro", ossia ricevere richieste e reindirizzarle al destinatario. È come se fosse un centralinista: le nostre telefonate arrivano al centralinista, il quale, poi, le reindirizza al destinatario.

Firewall

Il firewall è un software o un dispositivo hardware che controlla le informazioni provenienti dalla rete, bloccandole o consentendone l'accesso al computer, secondo le regole impostate nel firewall stesso.

SSL

SSL (Secure Sockets Layer) è un protocollo (insieme di regole) utilizzato per stabilire comunicazioni sicure tra un server e un client.

Sniffer

Software utilizzato per intercettare i dati che viaggiano su una rete.

Mac address

L'indirizzo MAC (Media Access Control), detto anche indirizzo fisico, indirizzo ethernet o indirizzo LAN, è un codice di 48 bit (6 byte) assegnato in modo univoco dal produttore ad ogni scheda di rete ethernet prodotta al mondo.

Un esempio di MAC è il seguente: 00-18-F3-7E-57-85

Access point

Un Access Point (AP) è un dispositivo elettronico che permette all'utente di collegarsi ad una rete wireless (senza fili) dal suo computer dotato di scheda wireless.

Hostname

E' il nome che abbiamo dato al nostro computer durante l'installazione del sistema operativo.

Per conoscere il nome del nostro computer eseguire le seguenti operazioni:

Premere il pulsante start e poi selezionare "Esegui"

Nella schermata che segue, digitare "cmd" e premere il tasto OK:

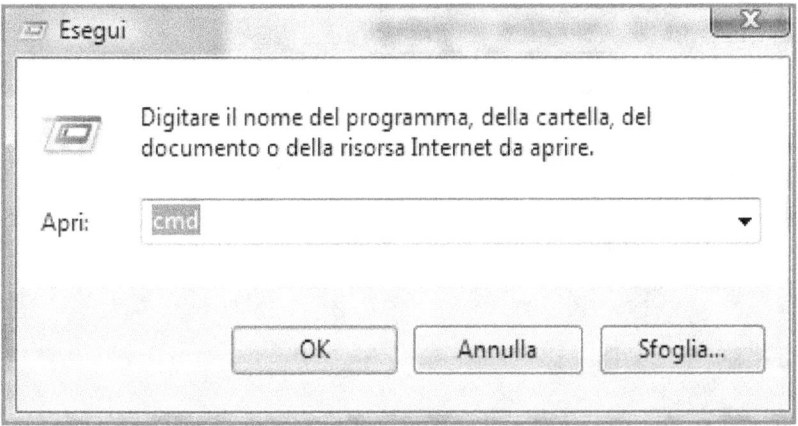

Sarà visualizzata la seguente schermata:

Digitare il comando "ipconfig /all | find "Nome host" (La lettera N è maiuscola, il simbolo | si chiama pipe e corrisponde al primo tasto in alto, a sinistra, della tastiera) e verrà visualizzato il nome del nostro computer:

In questo caso il nome del computer è : **blackeagle**

Di seguito si trovano alcuni consigli da adottare per proteggere la navigazione in rete.

Proteggere la propria identità

 Le password (parole chiave), generalmente, sono utilizzate come unico metodo di autenticazione e quindi sono l'unica barriera tra l'utente e le informazioni personali che risiedono sul disco fisso, nella posta elettronica, nel conto corrente bancario. Esistono in rete parecchi programmi capaci di decrittare le password, in pochi minuti, ore o giorni, secondo la loro complessità, per cui è necessario fare una scelta oculata della parola chiave che va salvaguardata in modo corretto tale da rendere difficile la scoperta e l'utilizzo da parte di persone non autorizzate.

Perché è necessario avere buona password?

Pensiamo a quanti numeri e a quante password, attualmente, ognuno di noi deve ricordare, ad esempio i codici PIN, il codice BANCOMAT e così via. Con il passare del tempo, ricordarsi tutto questo, genera un senso di confusione e ci si interroga sull'effettiva importanza di essere così protetti. Dopo tutto, perché un hacker dovrebbe interessarsi al nostro account e-mail o cercare di scoprire il codice del nostro conto corrente e la sua password? La risposta sta nel fatto che la scoperta e l'uso di qualsiasi informazione potrebbe essere preziosa per futuri attacchi e molteplici altri scopi.

La scelta della password

La maggior parte delle persone usa password che richiamano informazioni personali e di conseguenza facili da ricordare e questo modo di pensare è un grande aiuto per chiunque sia interessato a decifrare una password. La maggior parte dei PIN usati comunemente si basano su date facili da ricordare (giorno/mese/anno) oppure si riferiscono ad un numero di telefono o ad altre informazioni personali che contengono cifre facili da ricordare. Dopo queste osservazioni, quindi, pensiamo a quanto sia facile per un hacker venire a conoscenza del PIN.

Consigli per la scelta della password

- Non usare password che si riferiscono a dati personali.
- Non usare password che possono essere ricercate su dizionari di qualsiasi lingua.
- Usare insieme lettere minuscole e lettere maiuscole.
- Usare una combinazione di lettere, numeri e segni speciali.

Aggiornare il software

Le case produttrici di software di base (Microsoft Windows,..) e dei programmi utilizzati più di frequente (es. Microsoft Office, Acrobat,...) scoprono regolarmente vulnerabilità nel loro codice e , gratuitamente, mettono a disposizione le correzioni. Senza questi aggiornamenti il nostro computer è esposto a rischi d'intrusione, può essere infettato da virus o da spyware, programma "spia" installato a nostra insaputa nel disco fisso che trasmette tutti i dati sensibili (numeri di carte di credito, password, i siti che visitiamo, ...) a chi ha scritto il programma. È quindi consigliato tenere sempre aggiornati sia il sistema operativo che i programmi.

Attivare il personal firewall

Per aumentare il livello di sicurezza durante la navigazione è necessario attivare il personal firewall.

I personal firewall sono software installati sul computer dell'utente per difenderlo dalle intrusioni. Bloccano le connessioni (l'accesso) a siti sconosciuti o non autorizzati e impediscono accessi indesiderati al nostro computer.

Tutti i sistemi operativi Microsoft Windows hanno preinstallato un personal firewall che però è necessario attivare.

Per attivare il personal firewall di Windows, dal pannello di controllo:

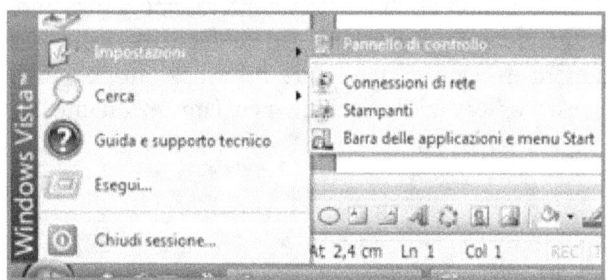

Selezionare l'opzione "Windows Firewall"

Sarà visualizzata la seguente schermata:

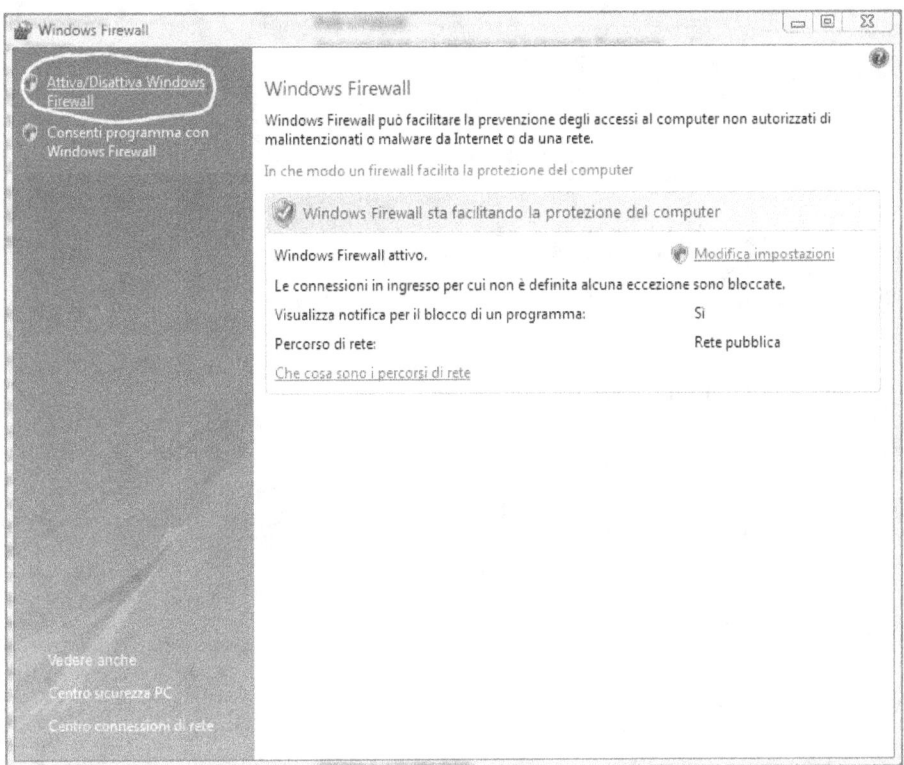

Selezionare l'opzione in alto a sinistra "Attiva/Disattiva Windows Firewall" e apparirà la seguente schermata:

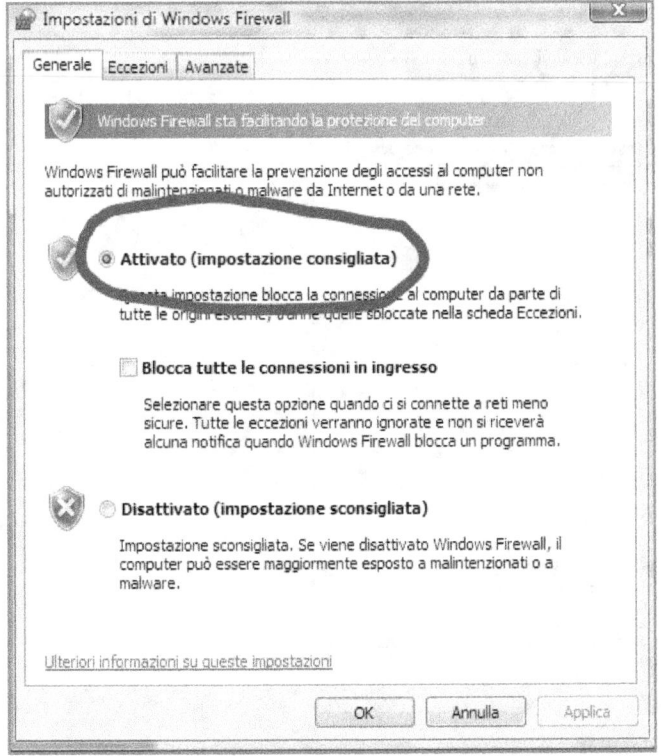

Selezioniamo il radio button "Attivato (impostazione consigliata)" e premiamo il pulsante OK. Il firewall è attivo ma la registrazione degli eventi no, per attivarla, dal pannello di controllo:

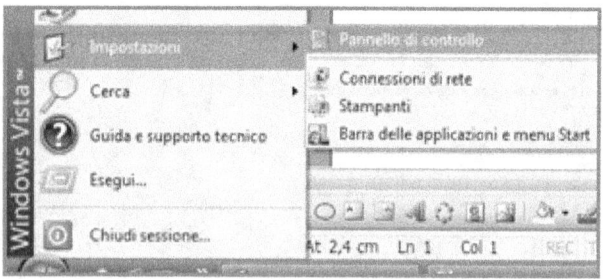

Selezionare l'opzione "Strumenti di amministrazione"

Sarà visuallizata la seguente schermata:

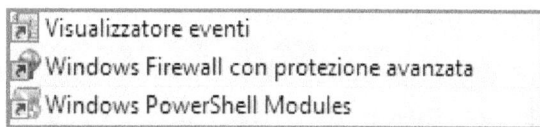

Selezionare l'opzione "Windows Firewall con protezione avanzata" e sarà visualizzata la seguente schermata:

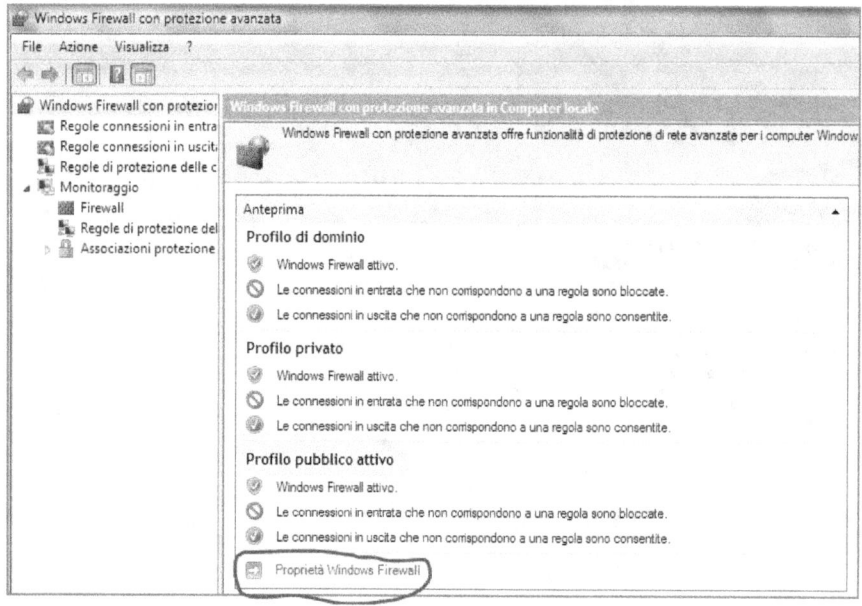

Selezionare "Proprietà Windows Firewall" sul profilo attivo (evidenziato in giallo) e sarà visualizzata la seguente schermata:

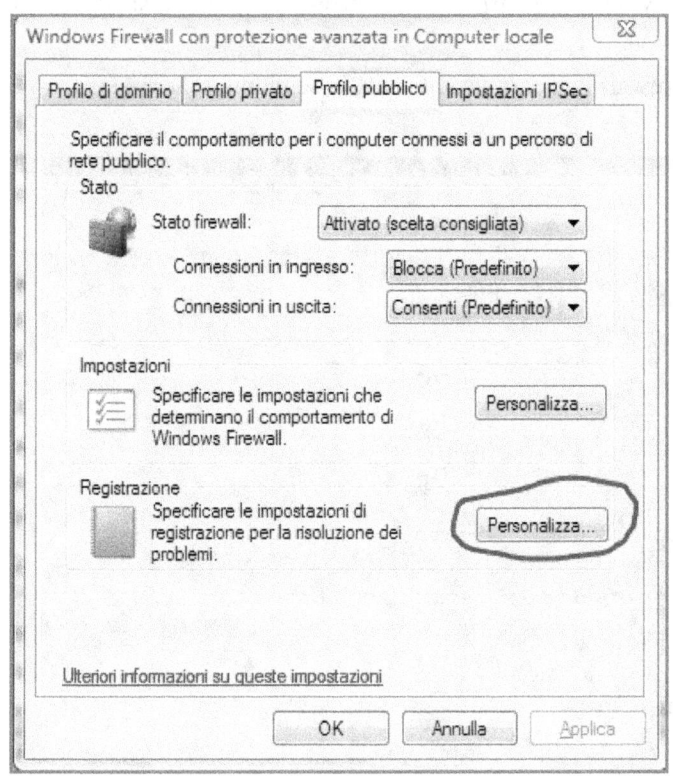

Premere il pulsante "Personalizza" nella sezione "Registrazione" e sarà visualizzata la seguente schermata, dove si seleziona Si (di default è impostano a No) per entrambe le voci:

"Registra pacchetti ignorati" e "Registra connessioni riuscite".

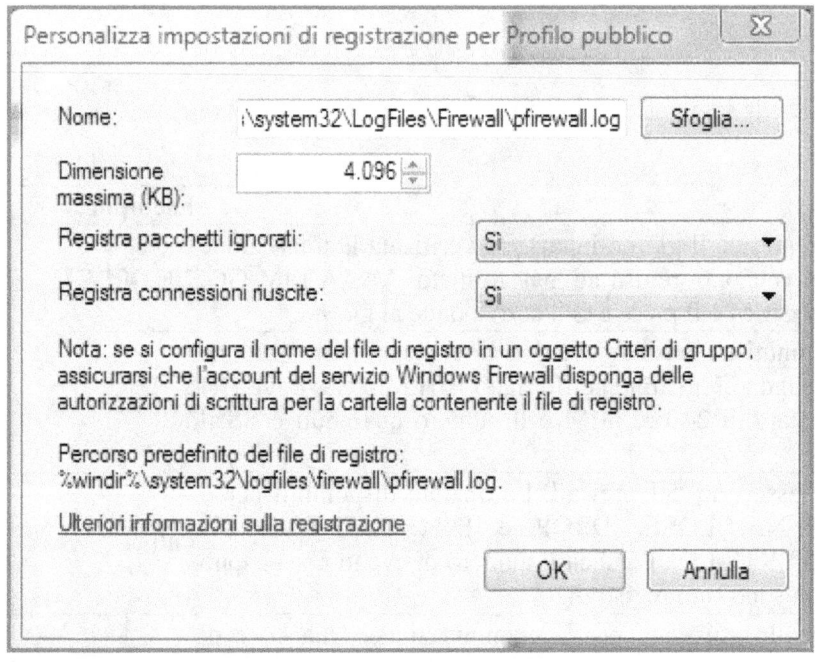

Premere il tasto OK per confermare.

Per verificare se la registrazione degli eventi avviene regolarmente, dal browser, connettersi ad un sito qualsiasi e poi editare il file di log che si trova in

C:\Windows\system32\LogFiles\Firewall\pfirewall.log; sarà visualizzata la seguente schermata:

```
pfirewall.log - Blocco note
File  Modifica  Formato  Visualizza  ?
#Version: 1.5
#Software: Microsoft Windows Firewall
#Time Format: Local
#Fields: date time action protocol src-ip dst-ip src-port dst-port size tcpflags tcpsyn tcpack tcpwin icmptype icmpcode info path

2012-04-29 10:38:39 ALLOW UDP fe80::a440:3751:be4f:3cf2 ff02::1:2 546 547 0 - - - - - - - SEND
2012-04-29 10:38:45 ALLOW TCP 127.0.0.1 127.0.0.1 51447 12080 0 - 0 0 0 - - - SEND
2012-04-29 10:38:45 ALLOW TCP 127.0.0.1 127.0.0.1 51447 12080 0 - 0 0 0 - - - RECEIVE
2012-04-29 10:38:45 ALLOW TCP 192.168.2.56 62.109.145.94 51448 80 0 - 0 0 0 - - - SEND
2012-04-29 10:38:45 ALLOW UDP 192.168.2.56 83.103.25.250 60319 53 0 - - - - - - - SEND
2012-04-29 10:38:45 ALLOW TCP 127.0.0.1 127.0.0.1 51449 12080 0 - 0 0 0 - - - SEND
2012-04-29 10:38:45 ALLOW TCP 127.0.0.1 127.0.0.1 51449 12080 0 - 0 0 0 - - - RECEIVE
2012-04-29 10:38:45 ALLOW TCP 192.168.2.56 62.109.145.94 51450 80 0 - 0 0 0 - - - SEND
2012-04-29 10:38:46 ALLOW TCP 127.0.0.1 127.0.0.1 51451 12080 0 - 0 0 0 - - - SEND
2012-04-29 10:38:46 ALLOW TCP 127.0.0.1 127.0.0.1 51451 12080 0 - 0 0 0 - - - RECEIVE
2012-04-29 10:38:46 ALLOW TCP 192.168.2.56 62.109.145.94 51452 80 0 - 0 0 0 - - - SEND
2012-04-29 10:38:46 ALLOW TCP 127.0.0.1 127.0.0.1 51453 12080 0 - 0 0 0 - - - SEND
2012-04-29 10:38:46 ALLOW TCP 127.0.0.1 127.0.0.1 51453 12080 0 - 0 0 0 - - - RECEIVE
2012-04-29 10:38:46 ALLOW TCP 192.168.2.56 62.109.145.94 51454 80 0 - 0 0 0 - - - SEND
2012-04-29 10:38:47 ALLOW TCP 192.168.2.56 91.218.224.34 51455 443 0 - 0 0 0 - - - SEND
2012-04-29 10:38:47 ALLOW TCP 127.0.0.1 127.0.0.1 51456 12080 0 - 0 0 0 - - - SEND
2012-04-29 10:38:47 ALLOW TCP 127.0.0.1 127.0.0.1 51456 12080 0 - 0 0 0 - - - RECEIVE
2012-04-29 10:38:47 ALLOW TCP 192.168.2.56 62.109.145.94 51457 80 0 - 0 0 0 - - - SEND
2012-04-29 10:38:49 ALLOW UDP 192.168.2.56 83.103.25.250 56180 53 0 - - - - - - - SEND
2012-04-29 10:38:49 ALLOW TCP 127.0.0.1 127.0.0.1 51458 12080 0 - 0 0 0 - - - SEND
2012-04-29 10:38:49 ALLOW TCP 127.0.0.1 127.0.0.1 51458 12080 0 - 0 0 0 - - - RECEIVE
2012-04-29 10:38:49 ALLOW TCP 127.0.0.1 127.0.0.1 51460 12080 0 - 0 0 0 - - - SEND
2012-04-29 10:38:49 ALLOW TCP 127.0.0.1 127.0.0.1 51460 12080 0 - 0 0 0 - - - RECEIVE
2012-04-29 10:38:49 ALLOW TCP 127.0.0.1 127.0.0.1 51462 12080 0 - 0 0 0 - - - SEND
2012-04-29 10:38:49 ALLOW TCP 127.0.0.1 127.0.0.1 51462 12080 0 - 0 0 0 - - - RECEIVE
2012-04-29 10:38:49 ALLOW TCP 192.168.2.56 85.18.95.172 51459 80 0 - 0 0 0 - - - SEND
2012-04-29 10:38:49 ALLOW TCP 192.168.2.56 85.18.95.172 51461 80 0 - 0 0 0 - - - SEND
2012-04-29 10:38:49 ALLOW TCP 192.168.2.56 212.239.41.101 51463 80 0 - 0 0 0 - - - SEND
2012-04-29 10:38:50 ALLOW UDP 192.168.2.56 83.103.25.250 52270 53 0 - - - - - - - SEND
2012-04-29 10:38:50 ALLOW UDP 192.168.2.56 83.103.25.250 54604 53 0 - - - - - - - SEND
2012-04-29 10:38:50 ALLOW TCP 127.0.0.1 127.0.0.1 51464 12080 0 - 0 0 0 - - - SEND
2012-04-29 10:38:50 ALLOW TCP 127.0.0.1 127.0.0.1 51464 12080 0 - 0 0 0 - - - RECEIVE
2012-04-29 10:38:50 ALLOW TCP 127.0.0.1 127.0.0.1 51465 12080 0 - 0 0 0 - - - SEND
2012-04-29 10:38:50 ALLOW TCP 127.0.0.1 127.0.0.1 51465 12080 0 - 0 0 0 - - - RECEIVE
2012-04-29 10:38:50 ALLOW TCP 192.168.2.56 85.18.95.173 51466 80 0 - 0 0 0 - - - SEND
2012-04-29 10:38:50 ALLOW TCP 192.168.2.56 85.18.95.173 51467 80 0 - 0 0 0 - - - SEND
2012-04-29 10:38:50 ALLOW UDP 192.168.2.56 83.103.25.250 61900 53 0 - - - - - - - SEND
2012-04-29 10:38:50 ALLOW TCP 127.0.0.1 127.0.0.1 51468 12080 0 - 0 0 0 - - - SEND
2012-04-29 10:38:50 ALLOW TCP 127.0.0.1 127.0.0.1 51468 12080 0 - 0 0 0 - - - RECEIVE
2012-04-29 10:38:50 ALLOW UDP 192.168.2.56 83.103.25.250 56704 53 0 - - - - - - - SEND
2012-04-29 10:38:50 ALLOW TCP 192.168.2.56 85.18.95.173 51469 80 0 - 0 0 0 - - - SEND
2012-04-29 10:38:50 ALLOW TCP 127.0.0.1 127.0.0.1 51470 12080 0 - 0 0 0 - - - SEND
2012-04-29 10:38:50 ALLOW TCP 127.0.0.1 127.0.0.1 51470 12080 0 - 0 0 0 - - - RECEIVE
2012-04-29 10:38:50 ALLOW TCP 127.0.0.1 127.0.0.1 51472 12080 0 - 0 0 0 - - - SEND
2012-04-29 10:38:50 ALLOW TCP 127.0.0.1 127.0.0.1 51472 12080 0 - 0 0 0 - - - RECEIVE
2012-04-29 10:38:50 ALLOW TCP 127.0.0.1 127.0.0.1 51473 12080 0 - 0 0 0 - - - SEND
```

La decodifica del tracciato del file è la seguente:

Campo	Descrizione	Esempio
Data	Visualizza l'anno, il mese e il giorno in cui si è verificata la transazione registrata. Le date vengono registrate nel formato AAAA-MM-GG, dove AAAA è l'anno, MM è il mese e GG corrisponde al giorno.	2001-01-27
Ora	Visualizza l'ora, i minuti e i secondi in cui si è verificata la transazione registrata. Le ore vengono registrate nel formato: HH.MM.SS, dove HH indica l'ora nel formato di 24 ore, MM è il numero di minuti e SS il numero di secondi.	21.36.59
Azione	Indica l'operazione osservata dal firewall. Le opzioni disponibili per il firewall sono OPEN, CLOSE, DROP e INFO-EVENTS-LOST. Un'azione INFO-EVENTS-LOST indica il numero di eventi che si sono verificati ma che non sono stati registrati.	OPEN
Protocollo	Visualizza il protocollo utilizzato per la comunicazione. Una voce di protocollo può anche corrispondere a un numero di pacchetti che non utilizzano TCP, UDP o ICMP.	TCP
src-ip	Visualizza l'indirizzo IP dell'origine o del computer che tenta di stabilire le comunicazioni.	192.168.2.56
dst-ip	Visualizza l'indirizzo IP di destinazione di un tentativo di	56.62.109.145

	comunicazione.	
src-port	Visualizza il numero di porta di origine del computer di invio. La voce src-port viene registrata sotto forma di numero intero, compreso tra 1 e 65.535. Una voce src-port valida viene visualizzata solo per TCP e UDP. Per tutti gli altri protocolli viene visualizzata una voce src-port -.	4039
dst-port	Visualizza il numero di porta del computer di destinazione. La voce dst-port viene registrata sotto forma di numero intero, compreso tra 1 e 65.535. Una voce src-port valida viene visualizzata solo per TCP e UDP. Per tutti gli altri protocolli viene visualizzata una voce dst-port -.	53
dimensione	Visualizza la dimensione del pacchetto in byte.	60
tcpflags	Visualizza i flag di controllo TCP che si trovano nell'intestazione TCP di un pacchetto IP: • Ack Acknowledgment field significant (Campo riconoscimento significativo) • Fin No more data from sender (Nessun'altra informazione dal mittente) • Psh Push function (Funzione Push) • Rst Reset the connection (Ripristino della connessione) • Syn Synchronize sequence numbers (Sincronizzazione dei numeri di sequenza) • Urg Urgent Pointer field significant (Campo puntatore di urgenza significativo) I flag vengono registrati in lettere maiuscole.	AFP
tcpsyn	Visualizza il numero di sequenza TCP nel pacchetto.	1315819770
tcpack	Visualizza il numero di riconoscimento TCP nel pacchetto.	0
tcpwin	Visualizza la dimensione in byte della finestra TCP nel pacchetto.	64240
icmptype	Visualizza il numero che rappresenta il campo Tipo del messaggio ICMP.	8
icmpcode	Visualizza il numero che rappresenta il campo Codice del messaggio ICMP.	0
info	Visualizza una voce di informazioni che dipende dal tipo di azione che si è verificata. Ad esempio, per un'azione INFO-EVENTS-LOST viene creata una voce relativa al numero di eventi che si sono verificati, ma che non sono stati scritti nel registro dall'ultima volta che si è verificato questo tipo di evento.	23

Antivirus e anti-spyware

 Il **virus** è un programma (sequenza ordinata di istruzioni) che una volta eseguito è in grado di infettare i file in modo da riprodursi, facendo copie di se stesso e generalmente senza farsi rilevare dall'utente (sotto questo punto di vista il nome è in perfetta analogia con i virus in campo biologico). I virus possono essere o non essere direttamente dannosi per il sistema operativo che li ospita, ma anche nel caso migliore comportano comunque un certo spreco di risorse in termini di RAM, CPU e spazio sul disco fisso. Generalmente è opinione comune che un virus possa danneggiare direttamente solo il software della macchina che lo ospita, ma in realtà può indirettamente provocare danni anche all'hardware, ad esempio causando il surriscaldamento della CPU oppure fermando la ventola di raffreddamento.

Ogni giorno "nascono" nuovi virus su Internet che possono danneggiare il computer, cancellare i file, o carpire informazioni sensibili. Per esempio, ci sono virus noti come keystroke loggers che registrano tutto ciò che viene digitato (incluse le password, informazioni bancarie personali, informazioni sulla famiglia) sulla tastiera e lo inviano a chi ha scritto il codice del virus.

Gli spyware, invece, sono programmi che raccolgono informazioni sull'attività online di un utente (siti visitati, acquisti eseguiti in rete etc.) senza il suo consenso, trasmettendole a chi di dovere che le utilizzerà per trarne profitto, solitamente attraverso l'invio di pubblicità mirata. Il termine spyware è spesso usato per definire un'ampia gamma di malware (software maligni) dalle funzioni più disparate, quali l'invio di pubblicità non richiesta (spam), la modifica della pagina iniziale o della lista dei Preferiti del browser, oppure attività illegali quali la redirezione su falsi siti di e-commerce (phishing). Gli spyware, a differenza dei virus non hanno la capacità di diffondersi autonomamente, quindi richiedono l'intervento dell'utente per essere installati. Molti programmi offerti "gratuitamente" nascondono in realtà un malware (software maligno) di questo tipo per cui è l'utente stesso che ignaro, installa il codice maligno.

E' molto importante installare software antivirus, anti-spyware e tenerli aggiornati.

In rete si trovano molti antivirus e antispyware gratuiti. Per trovarli, dalla barra di ricerca di Google digitare le seguenti parole chiave: **antivirus free** (per i primi), oppure **antispyware free** per i secondi.

Generalmente questi software sono composti di una parte gratuita e una a pagamento se si vuole aumentare ulteriormente la protezione.

Non solo il software deve essere protetto ma anche l'hardware, in particolare la tecnologia wireless che ha avuto grande diffusione negli ultimi anni.

Proteggere le reti wireless

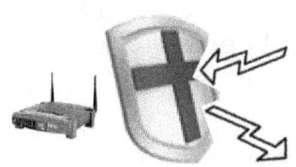

Le reti Wi-fi oppure wireless (senza fili) sono vulnerabili se non sono adeguatamente protette.

La facilità con cui questi dispositivi possono essere installati e utilizzati ha un aspetto negativo. Spesso gli utenti acquistano un access point (dispositivo che permette all'utente di collegarsi ad una rete wireless) e dopo averlo acceso, tutto funziona al primo tentativo con le impostazioni di fabbrica (valori impostati dal costruttore). Esse, tuttavia, applicano alla rete, un livello minino di sicurezza che è insufficiente a proteggerla da accessi indesiderati. Se un vicino utilizza la nostra rete (poco protetta) è certamente fastidioso ma sempre meno pericoloso di un malintenzionato che può utilizzare l'accesso come base da cui sferrare attacchi su Internet nell'anonimato più completo. In questo caso i computer attaccati vedono arrivare i tentativi dal nostro computer per cui dovremo essere noi (eventualmente) a dimostrare all'autorità giudiziaria che siamo estranei ai fatti. Per queste motivazioni è necessario proteggere il più possibile le reti wireless.

Protezione delle reti wireless

Le reti wireless sono molto comode da utilizzare e questo comporta dei rischi. Il segnale radio della rete si diffonde per qualche decina di metri in ogni direzione, quindi anche fuori dalle mura domestiche, e quindi è intercettabile.

Con una connessione wireless, un malintenzionato può entrare nella mia rete senza neppure entrare in casa. Questa intrusione viene generalmente mesa in atto da una persona che comodomanete seduta in macchina, nella strada accanto, con un comune computer portatile ed il software giusto si collega ai computer di casa nostra, legge i nostri dati e utilizza la nostra connessione Internet.

Come attivare la protezione

Il segnale della rete wireless si può proteggere mediante cifratura. Infatti i produttori hanno dotato le schede wireless di un sistema di cifratura denominato WEP ed in genere i dispositivi Wi-Fi (router, access point) sono venduti con la crittografia disattiva: è compito dell'utente attivarlo.

Questo sistema di protezione (WEP) non serve a a molto perché non garantisce un livello elevato di sicurezza contrariamente a quanto viene detto nei manuali di installazione.

Questo tipo di protezione è decrittabile da un esperto in meno di 15 minuti.

Nei dispositivi Wi-Fi, oltre al protocollo WEP è attivo anche il protocollo WPA e WPA2 che sono più sicuri e meno facilmente descittabili.

Cambio dell'indirizzo IP dell'access point

Gli access point hanno di solito un indirizzo IP predefinito in fabbrica. I malintenzionati conoscono questi indirizzi e pertanto possono cercare di accedere nostro access point. Per questo motivo è buona norma cambiare l'indirizzo IP dell'access point.

Controllo del MAC address

Ogni scheda di rete (wireless o meno) ha un proprio "numero di serie", che si chiama MAC address. Gli access point possono essere impostati in modo da accettare connessioni soltanto dalle schede che hanno un certo MAC address. Questo rende molto difficile al malintenzionato penetrare nella rete, perché deve prima scoprire almeno uno dei MAC address autorizzati.

E' buona norma attivare il controllo del MAC address.

Disabilitare il DHCP

Il DHCP è un software che semplifica la gestione di una rete assegnando automaticamente un indirizzo IP a ogni macchina che si collega alla rete. Questo metodo è molto comodo in una rete in cui le connessioni tra i computer sono realizzate con i fili, ma è pericoloso in un ambiente wireless, perché assegnerebbe automaticamente un indirizzo IP anche a un malintenzionato.

E' necessario, quindi, disabilitare il DHCP sull'access point e assegnare manualmente gli indirizzi alle singole schede wireless.

Cambio dell'SSID

La rete wireless ha un suo identificativo, chiamato SSID, che le schede wireless devono conoscere per collegarsi. Anche il malintenzionato deve conoscerlo. Purtroppo la maggior parte dei dispositivi wireless è impostato in fabbrica in modo da usare, come SSID, il nome del fabbricante e visto che i fabbricanti non sono poi tanti, il malintenzionato può tentarli uno per uno.

Quindi, un'altra protezione da attuare è quella di cambiare l'SSID, assegnandone uno poco intuitivo.

Condivisioni di Windows

Se usiamo Windows, conviene mettere una password sulle risorse condivise.

Dove posizionare l'access point

Questo aspetto è quasi sempre trascurato nelle reti wireless. E' importante fare in modo che il segnale radio esca il meno possibile dall'edificio. Se non c'è segnale fuori dall'edificio, il malintenzionato non può neppure sapere che è attiva una rete wireless.

Per bloccare il più possibile il segnale radio, la prima cosa da fare è collocare l'access point al centro della zona da coprire e il più lontano possibile dai muri esterni. La seconda è schermare l'access pointin tutte le direzioni del segnale. Se dobbiamo installare un access point vicino a un muro esterno, posizionare un foglio metallico fra l'access point e il muro: rifletterà il segnale radio e gli impedirà di dirigersi verso l'esterno dell'edificio.

Il segnale radio non si diffonde soltanto orizzontalmente, ma anche verticalmente per cui chi abita o lavora al piano superiore o inferiore riceve benissimo il segnale. Anche in questo caso si consiglia di schermare l'access point in modo che le onde radio non irraggino sopra e sotto.

In rete si trovano molti documenti per approfondire l'argomento sulla protezione delle reti Wi-fi. Per cercarli, dalla barra di ricerca di Google digitare le seguenti parole chiave: **come proteggere le reti wireless**

Proteggere la posta elettronica

 Le insidie che possono attaccare il nostro computer possono venire anche dalla posta elettronica (e-mail). E' buona regola cancellare immediatamente le e-mail con il mittente sconosciuto. Non scaricare mai allegati da e-mail che provengono da persone sconosciute o seguire i link dei siti web referenziati nell'e-mail. Potrebbero infettare il computer con virus o spyware.

E' molto facile falsificare il mittente di un e-mail per cui non date credito ai messaggi che sostengono di provenire da Microsoft, CNN, IBM o da vostri conoscenti o colleghi e vi invitano ad aprire un allegato. Non è molto difficile creare file infetti non intercettabili dagli antivirus. Anche se l'antivirus non segnala anomalie per quel file, non apritelo a meno che sia un allegato che vi aspettavate di ricevere.

Nelle e-mail, oppure durante la navigazione, non divulgare mai informazioni personali, come il nome, l'indirizzo, il numero di telefono o informazioni finanziarie e tanto meno userid o password.

Una tecnica molto sfruttata oggi per carpire informazioni personali è quella che è definita Social Engineering.

Essa è utilizzata per ottenere l'accesso a informazioni personali o riservate con la finalità del furto di identità mediante l'utilizzo delle comunicazioni elettroniche, soprattutto messaggi di posta elettronica fasulli, oppure attraverso contatti telefonici. La tecnica utilizzata è molto raffinata e si basa su messaggi di posta elettronica che contengono un link fasullo che reindirizza a pagine Web che imitano grafici e loghi dei siti istituzionali.

L'utente poco esperto è ingannato e portato a rivelare dati personali, come numero di conto corrente, numero di carta di credito, codici di identificazione, ecc.

Nella figura qui sopra, è riportato un esempio di social engineering, in particolare l'email chiede di confermare i dati del conto Online Banking seguendo il link indicato dalla freccia color fucsia e indicato anche dalla "manina". Se facciamo attenzione, notiamo che in basso sulla barra di stato del browser il sito a cui saremo reindirizzati non è quello di Cartasì (www.cartasi.it) ma uno fasullo: paxeiro.com (freccia rossa). Questo evidentemente è un tentativo di truffa per cui se un utente segue il link indicato dalla "manina" sarà reindirizzato in un sito che si presenta esattamente uguale a quello di Cartasì ma i dati inseriti saranno catturati da opportuni software.

Prudenza con il download

 Il P2P (peer to peer) è una tecnologia che permette agli utenti Internet di poter condividere i propri file con altri utenti. Internet è diventata quindi il mezzo più usato per condividere musica, film e tanti altri tipi di file. Questo fenomeno, come pochi sanno, introduce seri rischi alla sicurezza dei propri dati.

Utilizzando il P2P, è difficile se non impossibile stabilire a priori l'affidabilità della sorgente dei dati per cui al momento del download si potrebbero scaricare, oltre ai file richiesti, anche dei codici malevoli, del tipo: virus – trojan – spyware etc, infettando il proprio sistema.

Utilizzando le applicazioni P2P si condivide una parte del proprio disco fisso con altri utenti che, di fatto, hanno l'accesso al nostro computer. Malintenzionati potrebbero guadagnare accesso a nostri dati personali senza il nostro consenso.

Le applicazioni P2P richiedono di aprire nuove porte al firewall per scambiare dati. Per questo motivo il computer si trova ad essere maggiormente esposto ad attacchi da parte di malintenzionati che potrebbero sfruttare le vulnerabilità di queste applicazioni.

Per limitare i rischi è necessario accertarsi che il software anti-virus sia sempre aggiornato e che il personal firewall sia attivo.

Dati personali

 Approfondiamo ora l'argomento che riguarda la gestione dei dati personali memorizzati nel browser e in particolare parleremo di tipologia di dati, di cache e di cookie.

Tipologia dei dati personali

I dati personali sono utilizzati dal browser per facilitare la navigazione; esso memorizza per esempio l'indirizzo di un sito già visitato, il nome utente, la password e altre informazioni di questo tipo. Questi sono considerati dati personali.

In ogni caso essi si possono eliminare automaticamente, configurando il browser (come vedremo più avanti), manualmente oppure installando un programma che esegue tutte le operazioni di "pulizia" del disco fisso (ad esempio CCleaner, ACleaner, DCleaner, Cleancenter e tanti altri)

La Cache del Browser

I file temporanei (file di appoggio del browser) e le immagini delle pagine web visitate sono salvati nella cache (memoria disco) del browser. In seguito, se la medesima pagina viene riaperta, il browser non scaricherà nuovamente l'immagine da Internet, ma utilizzerà la copia presente nella cache. Questo rende più veloce la navigazione ma se il webmaster (persona responsabile di un sito web) sostituisce l'immagine con un'altra, con lo stesso nome, il browser continuerà ad utilizzare quella vecchia per un determinato periodo. Per ovviare a questo problema si può aspettare che il browser aggiorni la propria cache, oppure si può forzare l'aggiornamento cancellando manualmente i dati nella cache.

Di seguito sono elencate le modalità di pulizia della cache dei due browser più utilizzati.

Utenti di Internet Explorer (Versione 8 e seguenti):

Strumenti > Opzioni Internet > Generale > Tasto "Elimina" > Selezionare "File temporanei Internet"> Tasto "Elimina"

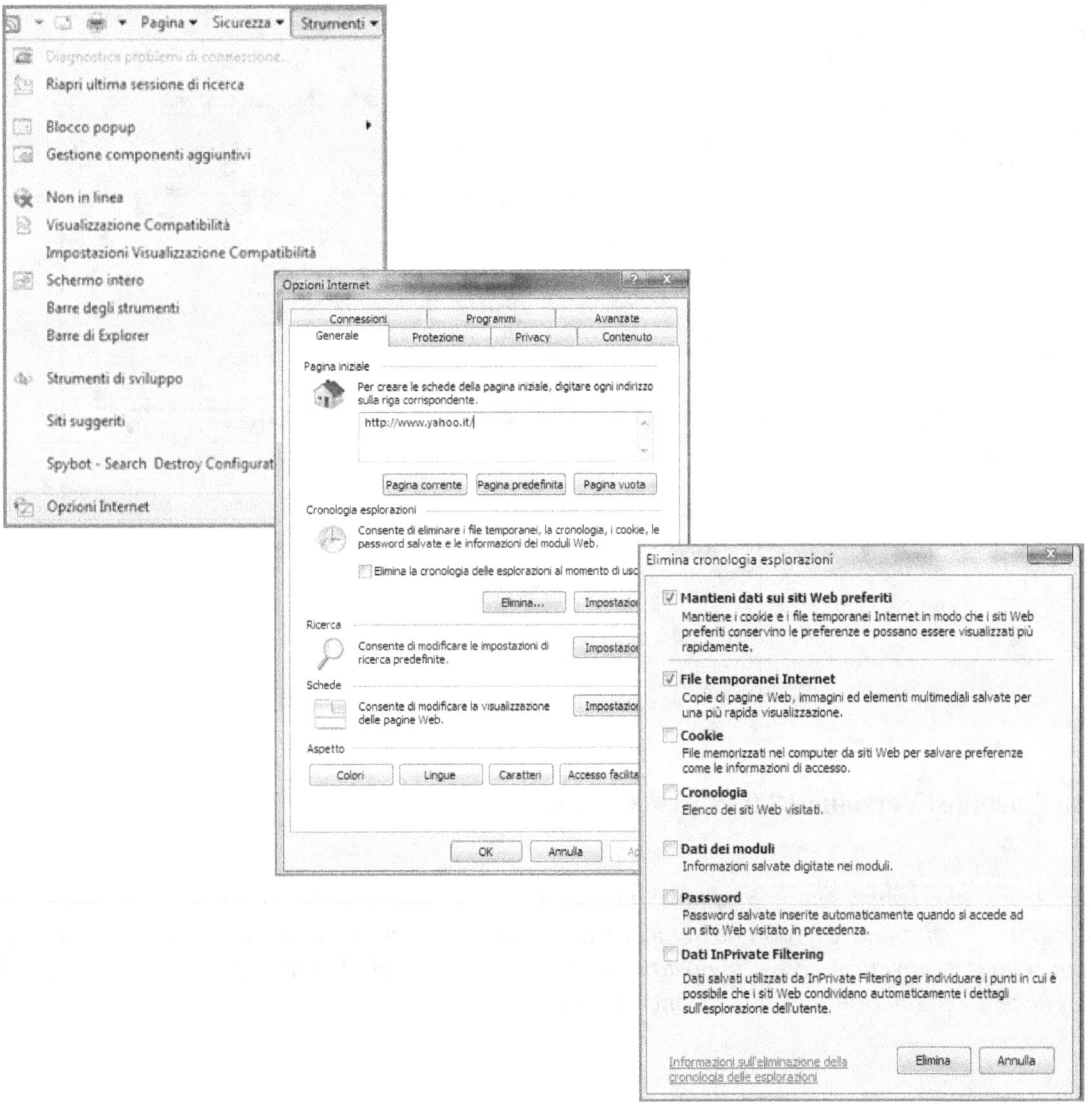

Utenti Firefox (versione 3.6 e seguenti):

Strumenti > Opzioni > Avanzate > Rete > Tasto "Cancella adesso"

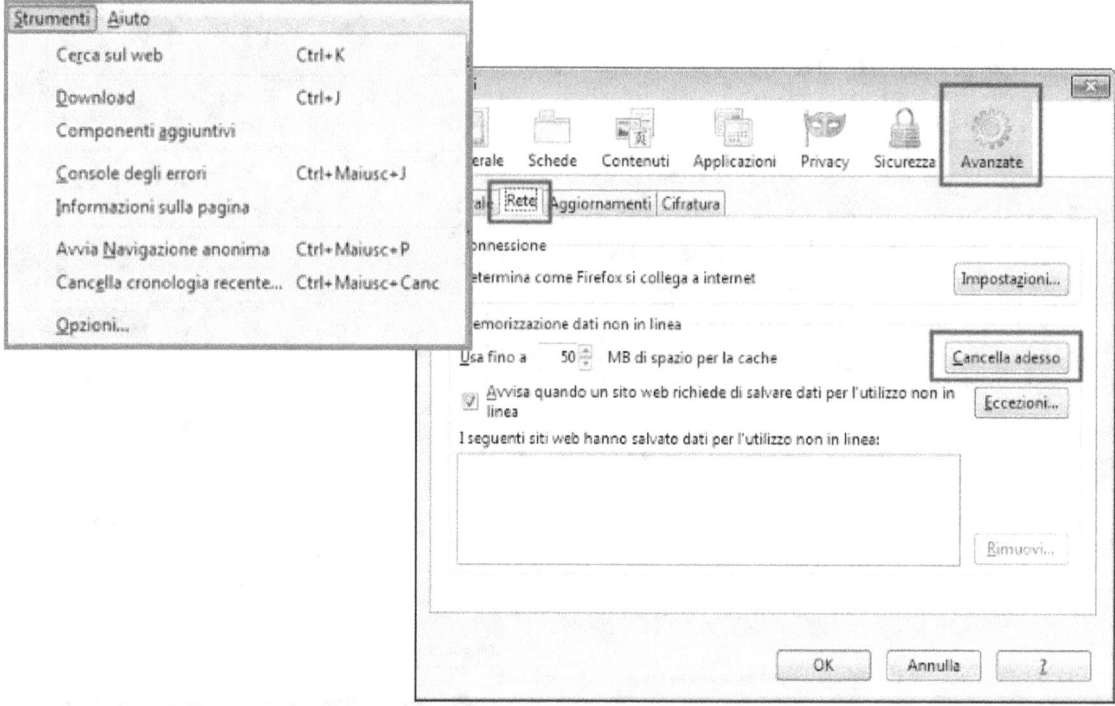

Utenti di Chrome (Versione 18.0.xx.yy e seguenti):

Premere l'icona che rappresenta la chiave inglese in alto a destra dello schermo > Selezionare "Impostazioni" > Selezionare "roba da smanettoni" nel menù a sinistra dello schermo > premere il tasto "Cancella dati navigazione" > Imposta dalla tendina (invece di ultima ora) "tutto" , seleziona "Svuota cache" > premere il pulsante "Cancella navigazione"

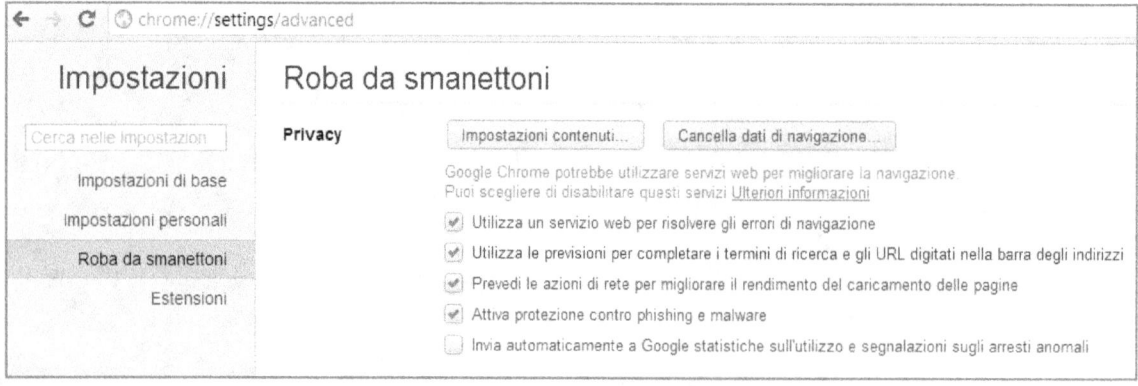

Cancella dati di navigazione

Cancella i seguenti elementi da: ultima ora ▼

- ☐ Cancella cronologia di navigazione
- ☐ Cancella cronologia download
- ☑ Svuota la cache
- ☐ Elimina cookie e altri dati di siti e plug-in
- ☐ Cancella password salvate
- ☐ Cancella i dati della Compilazione automatica dei moduli salvati

[Cancella dati di navigazione] [Annulla]

I Cookie

Il termine cookie è stato introdotto nel mondo di Internet intorno al 1996 per indicare una tecnica con la quale il server (ovvero il computer che gestisce un sito Internet) trasferisce un piccolo file di testo (.txt) sul computer del navigatore.

Letteralmente, il significato di cookie significa biscotto. Pertanto, in maniera figurata, il server lascia una briciola di biscotto sul computer del navigatore.

Quando navighiamo, sempre più frequentemente ci imbattiamo in siti Internet che sembra si ricordino di noi e delle nostre preferenze e abitudini.

A volte ci salutano per nome, visualizzano il nostro oroscopo e altro. Tutto questo avviene grazie ai cookie, che si trovano nel software di navigazione (Firefox, Internet Explorer, Chrome, Opera,...).

Questi file contengono alcune informazioni su di noi, come la data dell'ultimo collegamento, le scelte che abbiamo fatto, alcune azioni che abbiamo compiuto, ecc. Insomma, dati utili affinché il server si possa ricordare di noi quando torneremo a rivisitarlo.

A questo punto il navigatore si domanda, dove è finita la privacy?

Il punto d'incontro tra pro e contro nell'utilizzo dei cookie è molto delicato.

Un cookie di per sé non è dannoso, dipende da come la società che gestisce il sito Internet, utilizza le informazioni raccolte.

Chiedere il permesso, attraverso un pop-up, da parte della società del sito, potrebbe essere un forte segnale di correttezza e trasparenza. In questo caso il cookie è un ottimo strumento con il quale il navigatore, informato, è messo a suo agio e libero di scegliere se autorizzare (o no) il server ad accedere alle informazioni sul proprio conto. Di seguito sono elencate le modalità di pulizia dei cookie per i due browser più utilizzati.

Utenti di Internet Explorer (Versione 8 e seguenti):

Strumenti > Opzioni Internet > Generale > Tasto "Elimina" > Selezionare "Cookie" > Tasto " Elimina"

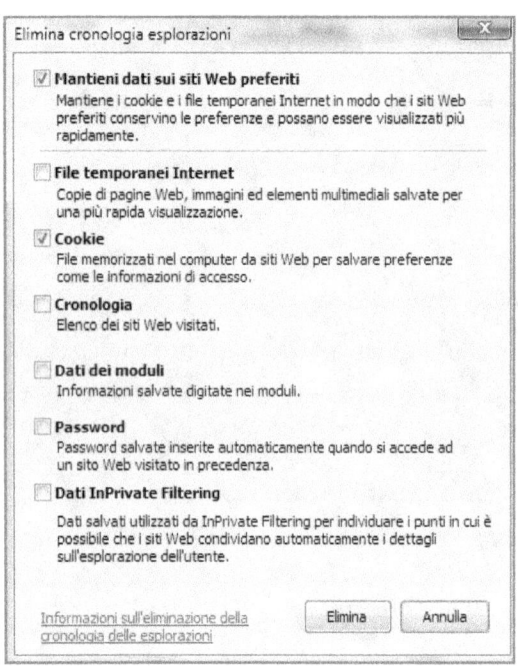

Utenti Firefox (versione 3.6 e seguenti):

Strumenti > Opzioni > Scheda "Privacy" > Tasto "Mostra i Cookie" > Tasto "Rimuovi tutti i cookie"

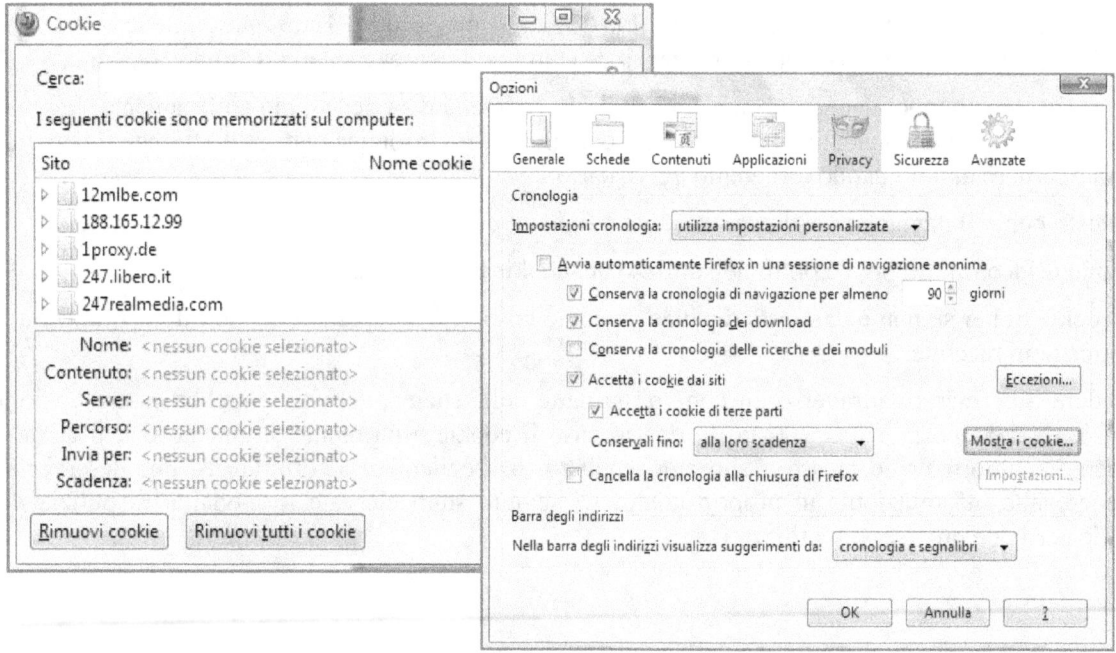

Utenti di Chrome (Versione 18.0.xx.yy e seguenti):

Premere l'icona che rappresenta la chiave inglese in alto a destra dello schermo > Selezionare "Impostazioni" > Selezionare "roba da smanettoni" nel menù a sinistra dello schermo > premere il tasto "Cancella dati navigazione" > Imposta dalla tendina (invece di ultima ora) "tutto" , seleziona "Elimina cookie e altri dati ...." > premere il pulsante "Cancella navigazione"

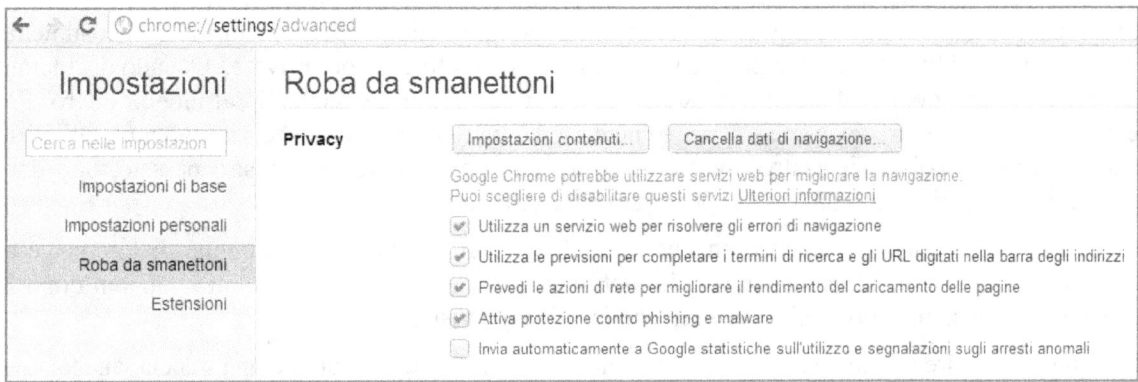

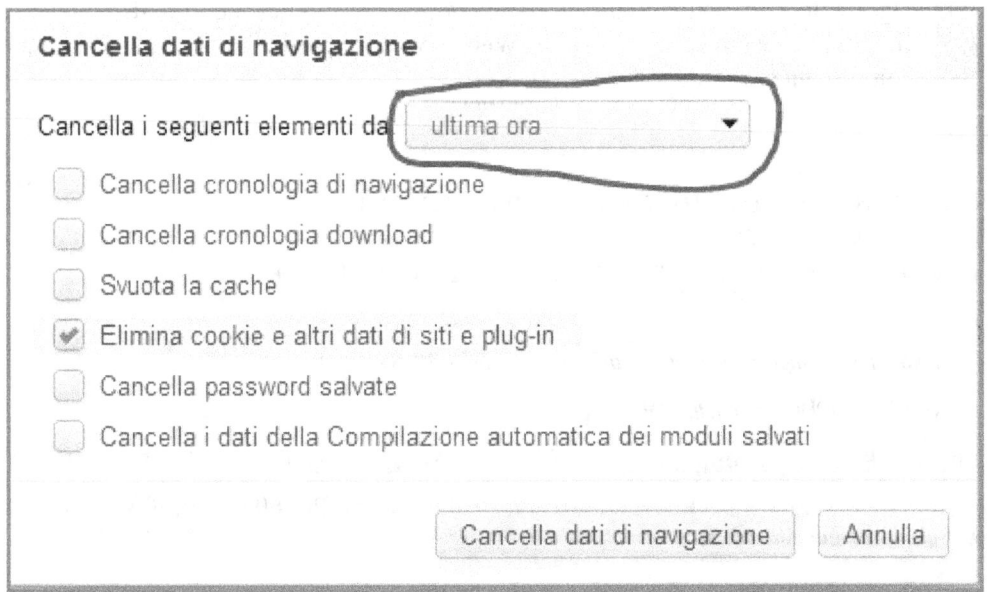

Pubblicare informazioni online

Internet è una risorsa pubblica per cui dobbiamo evitare di pubblicare online informazioni che non desideriamo siano viste da persone non autorizzate.

Grazie alla facilità di accesso, Internet è diventato un mezzo molto diffuso per la comunicazione tra le persone e la ricerca di informazioni.

Una volta on-line, i dati sono disponibili a tantissime persone sconosciute e non si può nemmeno immaginare come queste informazioni potrebbero essere sfruttate.

In passato, era difficile trovare informazioni personali che si limitavano al numero di telefono o all'indirizzo. Oggi un gran numero d'informazioni private sono disponibili on-line, specialmente perché gli utenti di Internet creano pagine web personali con informazioni private. Quando decidiamo di rivelare informazioni ci dobbiamo rendere conto che le stiamo trasmettendo al mondo intero. Per esempio, fornire l'indirizzo e-mail, può aumentare il numero di spam che riceveremo. Offrendo dettagli sui nostri hobby, il nostro lavoro, la nostra famiglia e amici e il nostro passato, può dare sufficienti informazioni agli hakers nel progettare attacchi mirati.

Non appena pubblichiamo qualcosa on-line, essa diventa disponibile alla comunità di Internet e ai motori di ricerca. Se desideriamo, in seguito potremo cambiare o rimuovere le informazioni dopo la loro pubblicazione, ma è possibile che qualcuno le abbia già viste.

Tutto questo per dire che una volta pubblicata una notizia, ne resta comunque una traccia, anche se in seguito decidiamo di rimuoverla.

Quanto è sicura la connessione Internet?

 Ogni volta che visitiamo un sito lasciamo una traccia nel file di registrazione (log file) della macchina che lo ospita (Web server). In particolare si tratta di un record con il seguente formato:

217.154.66.1 - - [17/Oct/2006:07:03:25 +0000] "GET /proxy/ HTTP/1.1" 200 37361
"http://www.google.co.uk/search?q=http+proxy+for+ftp&start=0&ie=utf-8&oe=utf-8"

"Mozilla/5.0 (Windows; U; Windows NT 5.1; en-GB; rv:1.8.0.6) Gecko/20060728 Firefox/1.5.0.6"

217.154.66.1 *(ip address del computer che ha eseguito la richiesta al WEB server)*

17/Oct/2006:07:03:25 +0000 *(ora della richiesta)*

http://www.google.co.uk/search?q=http+proxy+for+ftp&start=0&ie=utf-8&oe=utf-8 *(URL richiesto)*

Mozilla/5.0 (Windows; U; Windows NT 5.1; en-GB; rv:1.8.0.6) Gecko/20060728 Firefox/1.5.0.6
(Dettagli del browser che ha eseguito la richiesta)

Il gestore del server Web è in grado di raccogliere informazioni sulle richieste che i client fanno nei motori di ricerca, parole chiave utilizzate, il tipo browser e la lingua, data, ora, il sistema operativo del client, la posizione fisica e geografica e così via. Gli Internet providers di grandi dimensioni e le istituzioni governative hanno grandi capacità di raccolta dati sugli utenti Internet e sono in grado di tracciare un profilo e persino il comportamento di una persona.

Più visite facciamo ad un sito, più record sono registrati nel log file.

Dati "rivelati" dalla connessione

Quando ci connettiamo ad un sito Internet stabiliamo una "connessione" tra il nostro computer ed il Web server di destinazione che contiene le informazioni.

Possiamo immaginare la connessione come un "lungo filo" che unisce il nostro computer e quello remoto su cui è installato il web server, all'interno del quale transitano i nostri dati che possono essere visibili oppure no.

La modalità di connessione è stabilita dal web server.

Occupiamoci ora di una generica connessione in cui i dati sono "visibili" e analizziamo quali sono le informazioni che transitano nel "filo".

Per il nostro scopo utilizziamo una utility che controlla la sicurezza del browser collegandoci al seguente sito *http://www.cyscape.com/showbrow.aspx?bhcp=1* che automaticamente esegue programmi per il controllo della sicurezza del nostro browser.

Dopo qualche minuto otteniamo un report, diviso in sezioni, simile al seguente:

Le informazioni dettagliate in figura, sono quelle che "vede" il Web server a cui ci siamo connessi, per cui se il sito a cui ci connettiamo è gestito da malintenzionati, allora i nostri dati sono immediatamente registrati e analizzati per procedere ad un'eventuale intrusione o è già attivo un programma che secondo le vulnerabilità riscontrate, mette in atto immediatamente l'intrusione.

Durante la nostra sessione, le informazioni che viaggiano in rete e che risultano visibili sono molte e dettagliate, per cui in base ad esse è possibile scoprire le vulnerabilità del nostro browser, individuare la rete a cui è connesso il nostro computer e molte altre informazioni che riguardano il nostro ip address, il nostro sistema operativo, tutte le notizie che riguardano il nostro provider, gli indirizzi dei suoi mail server e altro.

System Details	
Platform	WinXP
OSName	Not tested
OSVersion	Not tested
OSArch	Not tested
NETCLRInstalled	True
NETCLRVersion	3.0.04506.648
WinInstallerMinVer	2
NetMeetingBuild	4,4,0,3400

Java Information	
JavaApplets	True
JavaVersion	Not tested
JavaVendor	Not tested
MSJVMBuild	Not tested
Plugin_JavaVer	Not tested
JavaEnabled	Enabled

Browser type and version	
Browser	IE
Fullversion	6.0
ServicePack	;SP2;
BrowserBuild	6,0,2900,2180
Gecko	False
GeckoBuildDate	
Version	6
Majorver	6
Minorver	0
ContainerBrowser	
ContainerVersion	0
ContainerFullversion	
Crawler	False

Browser security	
SessionCookies	True
PersistentCookies	True
JavaScriptEnabled	True
VBScriptEnabled	True
JavaEnabled	Enabled
ActiveXEnabled	True
SSL	True
SSLActive	False
SSLKeySize	128 bits
SSLEnabled	True
Firewall	False
OpenPorts	80, 1755 are open ports
PopupsBlocked	Not tested
ImagesEnabled	True
HighSecurity	False

Connection details	
Broadband	True
ConnectionSpeed	1458457 bits/sec (178.03 KBytes/sec)
ConnectionType	lan
IPAddr	193.203.230.22
Country	IT
Firewall	False
OpenPorts	80, 1755 are open ports
Proxy	True
ProxyString	1.0 NTPRO03
Referrer	
CompressGZip	True
AOL	False
AOLVersion	0
MSN	False

Se vogliamo eseguire un test completo che ci fornisca tutte queste informazioni, impostiamo nella barra degli indirizzi del browser il seguente indirizzo *http://analyze.privacy.net*. Automaticamente vengono eseguiti i controlli necessari e dopo qualche istante viene visualizzato un report simile al seguente: (l'immagine è solo uno stralcio del report che è molto lungo)

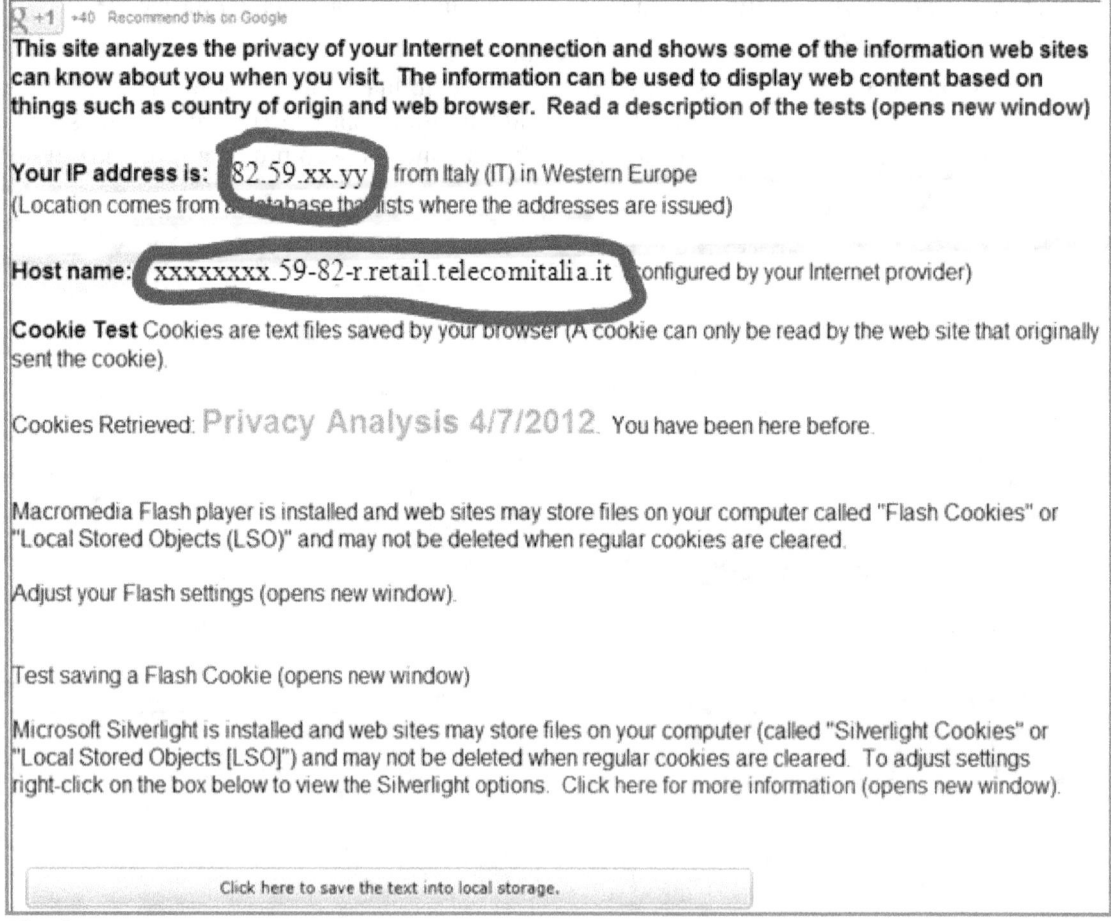

Fig.6

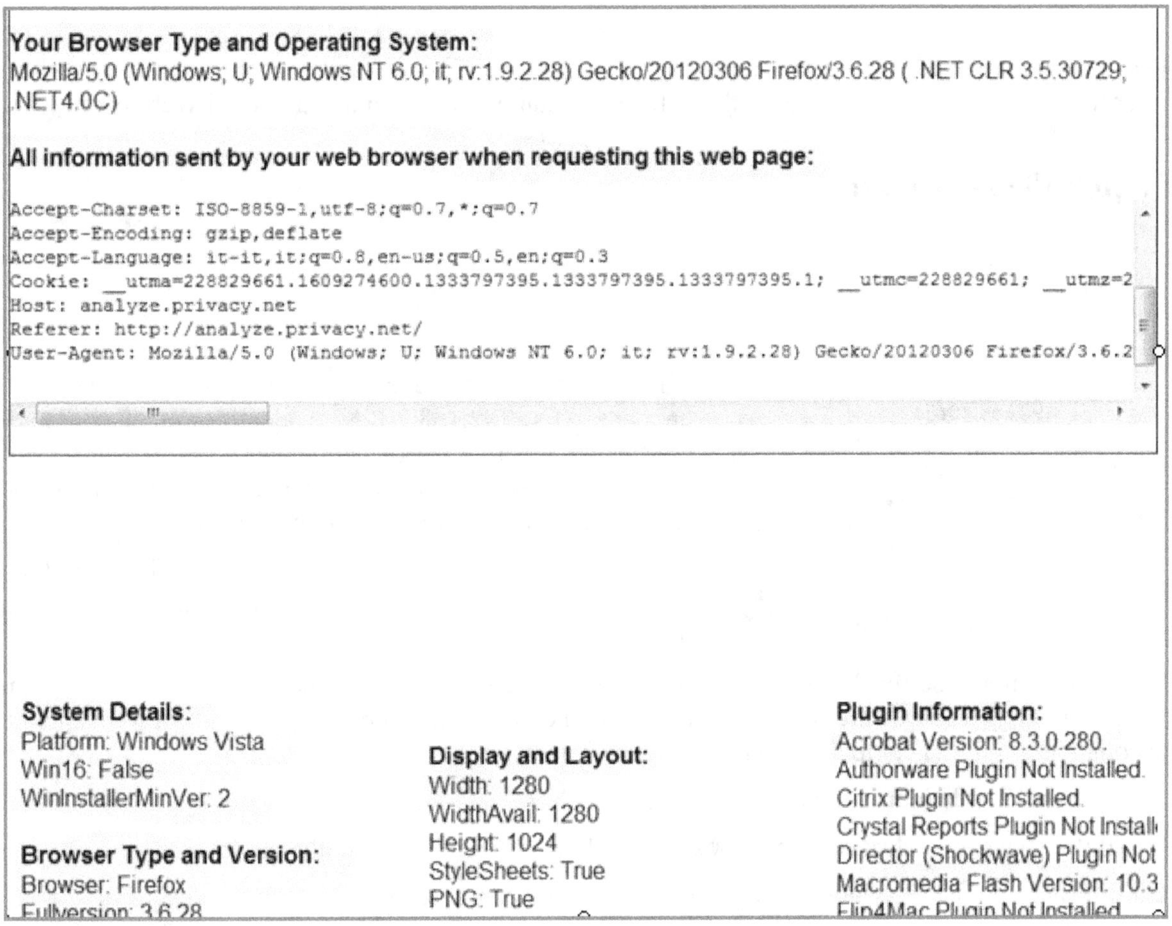

Your Browser Type and Operating System:
Mozilla/5.0 (Windows; U; Windows NT 6.0; it; rv:1.9.2.28) Gecko/20120306 Firefox/3.6.28 (.NET CLR 3.5.30729; .NET4.0C)

All information sent by your web browser when requesting this web page:

```
Accept-Charset: ISO-8859-1,utf-8;q=0.7,*;q=0.7
Accept-Encoding: gzip,deflate
Accept-Language: it-it,it;q=0.8,en-us;q=0.5,en;q=0.3
Cookie: __utma=228829661.1609274600.1333797395.1333797395.1333797395.1; __utmc=228829661; __utmz=2
Host: analyze.privacy.net
Referer: http://analyze.privacy.net/
User-Agent: Mozilla/5.0 (Windows; U; Windows NT 6.0; it; rv:1.9.2.28) Gecko/20120306 Firefox/3.6.2
```

System Details:
Platform: Windows Vista
Win16: False
WinInstallerMinVer: 2

Browser Type and Version:
Browser: Firefox
Fullversion: 3.6.28

Display and Layout:
Width: 1280
WidthAvail: 1280
Height: 1024
StyleSheets: True
PNG: True

Plugin Information:
Acrobat Version: 8.3.0.280.
Authorware Plugin Not Installed.
Citrix Plugin Not Installed.
Crystal Reports Plugin Not Install
Director (Shockwave) Plugin Not
Macromedia Flash Version: 10.3
Flip4Mac Plugin Not Installed.

Fig.7

Come si nota dalle Figure 6 e 7, il test rivela il nostro ip address, il provider, il sistema operativo, il tipo di browser e tante altre informazioni che rivelano le nostre eventuali vulnerabilità.

Questi dati riguardanti la connessione, sono quelli che il gestore del web server è in grado di visualizzare; pensiamo cosa possa accadere se il web server è gestito da un malintenzionato.

Se in alternativa, vogliamo eseguire il test collegandoci ad un altro sito, digitiamo queste parole chiave **Free anonymity check** oppure **test navigazione anonima** nella barra di ricerca di Google; sarà visualizzato un elenco di siti a cui connettersi per le verifiche della nostra connessione.

Una connessione si dice non sicura quando per accedere ad un sito, si utilizza il protocollo http, per esempio *http://www.miosito.com* mentre si dice sicura quando si utilizza il protocollo https, per esempio *https://www.miosito.com*.

Utilizzare una modalità piuttosto che l'altra è in funzione del Web server a cui ci si connette: esso deve essere configurato per supportare entrambe le modalità di accesso.

Il protocollo http o https è basato su una serie di regole che governano il colloquio tra il client (il nostro computer) ed il server Web. Nel primo caso (http) le informazioni che si scambiano il client ed il server sono in chiaro (leggibili) per cui un malintenzionato è in grado di intercettarle. Il secondo invece (https) è una combinazione dei due protocolli http e ssl, dove il secondo si occupa di rendere sicura (non in chiaro) la connessione. In questo caso il malintenzionato non è in grado di leggere le informazioni perché sono protette (crittografate), per cui illeggibili.

Il malintenzionato è una persona che con un opportuno software si inserisce tra noi ed il Web server impadronendosi dei nostri dati oppure crea un sito Internet su cui sono attivi programmi il cui scopo è quello di impossessarsi delle informazioni di chi si connette.

Per questi motivi è necessario proteggere la nostra privacy evitando di trasmettere le nostre informazioni durante la connessione ed il colloquio (scambio continuo di dati) con il Web server.

IP pubblico o privato

IP address

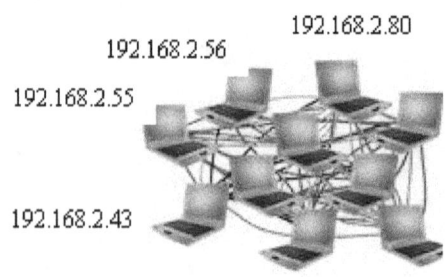

192.168.2.56
192.168.2.80
192.168.2.55
192.168.2.43

L'IP address è rappresentato da quattro numeri separati da un punto (Es. 192.168.2.128) e identifica ogni computer collegato a una rete Internet (pubblica) oppure a una LAN (privata). Questa definizione permette ai computer di una rete di identificarsi e scambiarsi informazioni.

Anche il nostro computer, quindi, ha un indirizzo IP che è definito (impostato) durante l'installazione del sistema operativo.

Nell'architettura delle reti IP ogni computer deve avere un indirizzo IP unico al mondo; se così non fosse, i componenti hardware (router) della rete Internet non saprebbero dove inviare le informazioni e le comunicazioni fra i computer non potrebbero avvenire.

Gli indirizzi IP si dividono in Pubblici e Privati.

Gli IP Pubblici sono indirizzi visibili e raggiungibili da tutti i computer della rete Internet.

Gli IP Privati sono invece indirizzi raggiungibili solo dai computer della stessa rete privata.

A seconda del provider con cui stipuliamo il contratto per la connessione Internet si presentano le due situazioni sopra descritte.

Quando ci colleghiamo ad Internet, l'IP address è assegnato al nostro computer dal provider (fornitore di servizi Internet) al momento della connessione.

Ad ogni provider, a sua volta, sono assegnati (venduti), dagli organi internazionali competenti che gestiscono la funzionalità e la sicurezza di Internet, più indirizzi IP a seconda della posizione e dell'estensione della zona che il provider dovrà gestire.

Ammettiamo per esempio che ad un provider sia assegnato il seguente pool di indirizzi IP 82.59.xxx.xxx. Ad ogni computer che si collega alla rete di questo provider sarà assegnato un indirizzo che va da 82.59.000.000 a 82.59.255.255 (es. 82.59.33.88) ; grazie ad esso siamo inequivocabilmente raggiungibili ed identificabili nella rete Internet. In questa configurazione, si parla di **IP address PUBBLICO**.

E' quindi facile intuire che da questo IP address, oltre ad altre informazioni, si possono ricavare le coordinate geografiche della sua posizione.

Quella ora descritta non è l'unica modalità di accesso ad Internet: alcune società, per offrire una maggiore velocità di connessione hanno cablato (creato) una loro rete privata, che portano fino a casa di ogni utente che si abbona.

La differenza rilevante tra questo tipo di collegamento ed il precedente è che l'IP di un computer di una rete privata è "visibile" solo all'interno della stessa rete, e prende il nome di **IP PRIVATO** mentre l'altro (IP pubblico) è esposto a tutta la rete Internet. Nel caso dell' IP privato, il computer non sarà direttamente raggiungibile da Internet, a meno che il gestore della rete non gli assegni anche un IP PUBBLICO (questo servizio è a pagamento).

IP Pubblico

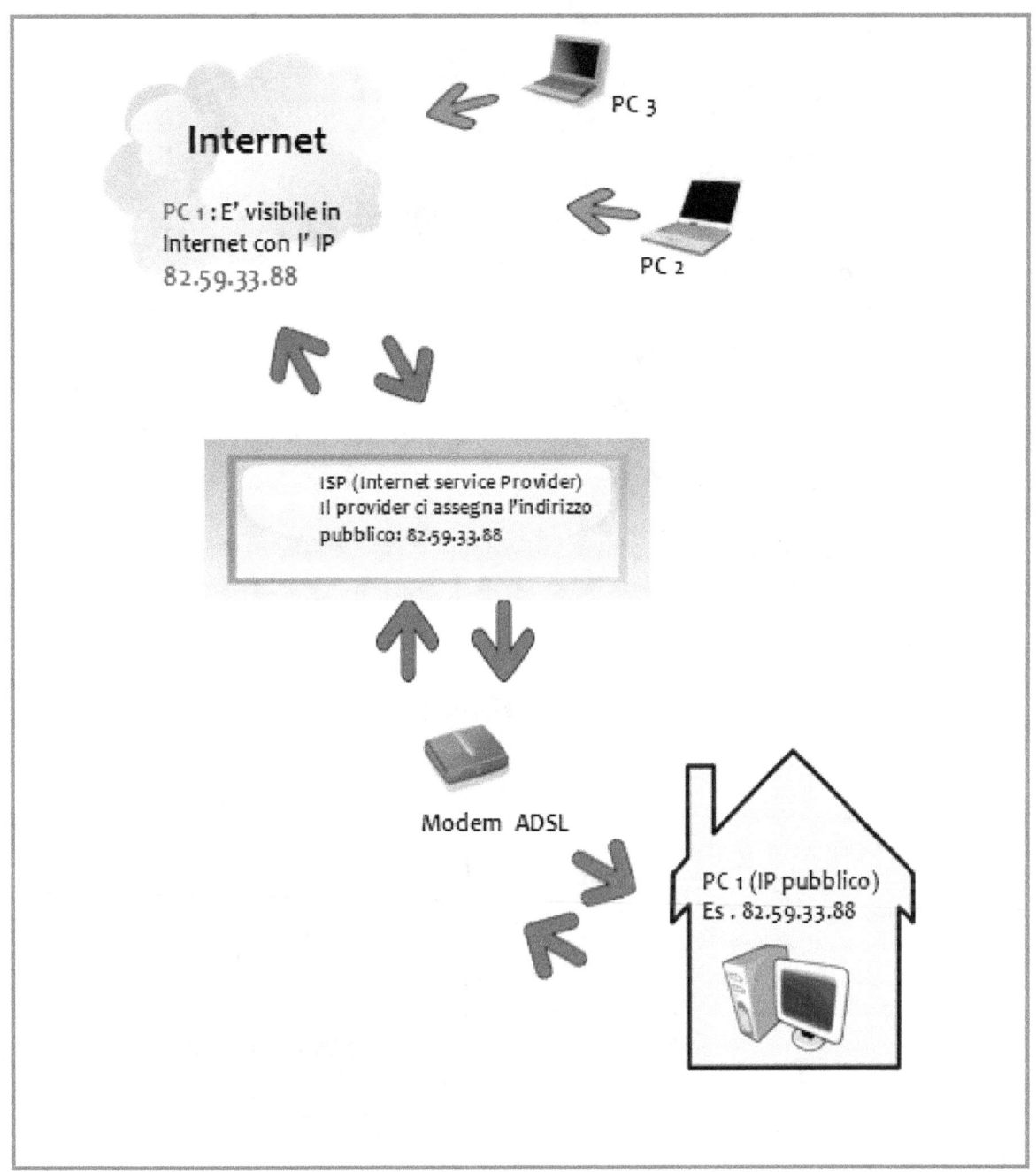

Fig.8

Con questa configurazione il nostro computer di casa (PC1) può essere direttamente raggiunto da qualunque computer (PC2, PC3...) della rete Internet (noto l'ip assegnato a PC1).

Lo strumento che utilizziamo per la connessione ad Internet si chiama modem ADSL.

IP Privato

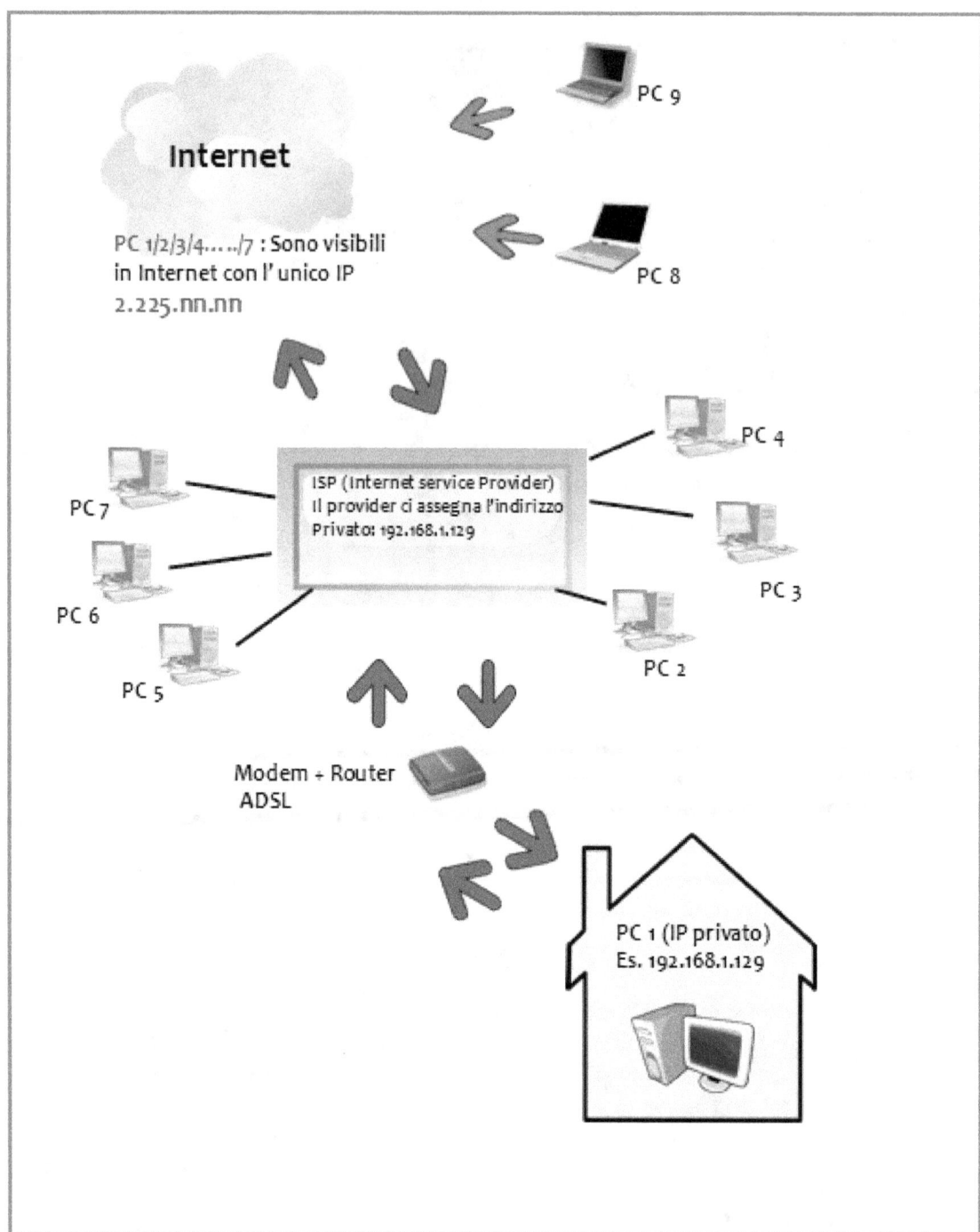

Fig.9

Con questa configurazione il computer di casa PC1 può essere direttamente raggiunto da tutti i computer della rete privata (PC2/3/4/5/6/7) ma non dai computer PC8/9 connessi ad Internet.

I computer da PC2 a PC7 fanno parte della rete privata del provider.

Prendiamo l'esempio di una società (Internet Service Provider) che abbia una rete privata alla quale sono connessi un numero n di computer (PC1/2 …./7) di una singola città. Ogni pc può comunicare con ogni altro pc all'interno della stessa rete privata, ma per poter "uscire su Internet" ha bisogno di un IP PUBBLICO, in altre parole un IP che faccia da collegamento tra Internet ed il suo stesso ip PRIVATO.

Il problema nasce dal fatto che le società, quando acquistano un range di indirizzi IP, pagano un valore proporzionale al numero di IP acquistati. Per risparmiare denaro adottano la soluzione per cui, invece di assegnare un IP PUBBLICO ad ogni pc che esce dalla rete privata verso Internet, ne assegnano uno solo per ogni gruppo di utenti: è come se tutti gli utenti di un quartiere della stessa città, ognuno dei quali ha un IP PRIVATO ben distinto (PC1/2 .../7), uscissero su Internet con un solo IP (2.225.nn.nn in fig.9).

In effetti, in questo caso, gli utenti hanno **tutti** il medesimo IP che il provider gli assegna, per esempio: **2.225.nn.nn**.

Il limite di questa modalità è che non avendo un ip univoco che distingue questi pc, non possono essere raggiunti dall'esterno; in Internet è visibile l'unico computer con indirizzo (per esempio) 2.225.nn.nn.

Verificare se l'ip è pubblico o privato

Per verificare se il nostro ip address è pubblico o privato, possiamo seguire i seguenti passi:

1. Nella barra dei comandi del browser digitare il seguente indirizzo http://analyze.privacy.net.
2. Copiare l'indirizzo IP che si trova nella prima pagina accanto alla scritta "Your IP address".
3. Sul computer, spostare il mouse in basso a sinistra (pulsante di start) e dal menù che appare fare clic su "esegui" (per i sistemi operativi precedenti a Vista) o cercare "esegui" (per i sistemi operativi Vista e successivi).
4. Nella casella digitare cmd e premere il tasto invio; sarà visualizzata la finestra DOS.
5. Digitare il comando "ipconfig /all | find "xxx.yyyy.kkk.zzz" (dopo "ipconfig", "all"e prima e dopo "find" inserire uno spazio) e poi premere invio.

   - il simbolo | si chiama pipe e il tasto corrispondente è il primo in alto a sinistra della tastiera

   - xxx.yyy.kkk.zzz è l'ip address che abbiamo copiato nel punto 2.

   Se non compare nulla, significa che la connessione Internet utilizza un ip privato,

   altrimenti usa un indirizzo pubblico e, nella finestra DOS, sarà visualizzata (per

   esempio) una riga simile alla seguente:

   Indirizzo IPv4. . . . . : 82.59.33.88

Considerazioni

Per quanto riguarda la connessione con ip privato possiamo dire che il livello di sicurezza è abbastanza alto perché l'accesso alla rete è protetto dagli apparati della rete privata del provider (Firewall, proxy, router). Chiunque volesse arrivare al nostro computer deve eludere tutti i controlli della rete interna del provider e poi quelli installati sul nostro computer; questo fatto non è di poco conto.

Per quanto riguarda i computer con una connessione pubblica, le cose sono differenti.

Il nostro computer è completamente visibile in Internet e l'unica sicurezza è quella attiva sulla nostra macchina (Personal Firewall, antivirus…).

Per questo motivo (come già detto nei paragrafi precedenti), è molto importante tenere costantemente aggiornati tutti i software presenti sul nostro computer.

Si può quindi concludere che il grado di sicurezza delle nostre connessioni dipende da com'è strutturata la rete a cui è connesso il nostro computer e dal livello di aggiornamento del nostro software.

In ogni caso è sempre opportuno proteggere la nostra privacy, per cui analizziamo ora gli strumenti necessari per questo scopo.

Proteggiamo la nostra privacy

Quando ci connettiamo a Internet, rendiamo visibile (a seconda della connessione) l'ip address del nostro computer oppure quello del nostro provider (vedi paragrafi precedenti). Quando visitiamo siti Web o server di Internet, l'indirizzo è trasmesso e registrato, insieme con altre informazioni, su quei server. In pratica lasciamo dietro di noi una scia di tutte le attività svolte durante la connessione e quindi siamo rintracciabili. Se fosse possibile in qualche modo nascondere il proprio indirizzo IP, la nostra attività su Internet diventerebbe molto più difficile da rintracciare.

Uno dei metodi per mascherare l'ip address comporta l'utilizzo di un servizio Internet noto con il nome di server proxy.

Proxy server

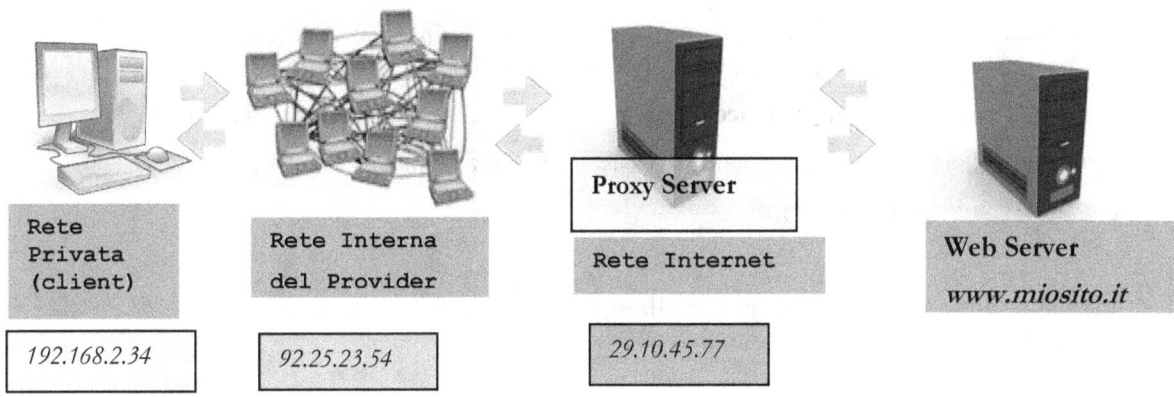

Fig.10

Quello che segue è valido sia per l'ip pubblico sia per quello privato; ho preferito fare l'esempio dell'ip privato perché è la situazione più complessa tra le due.

Un server Proxy agisce come intermediario tra le reti interne (del provider) ed esterne (Internet) e registra in un file tutti gli accessi. Esso svolge il doppio ruolo di accelerare l'accesso a Internet (depositando le informazioni nella sua cache), oltre a fornire un livello di protezione per la rete interna. La richiesta di un client (nostro computer) per accedere ad un sito Internet si può scomporre nel seguente modo:

- Richiesta del client al provider (digito il nome del sito nella barra dei comandi del browser).L'indirizzo originale del client (ip addres) è per esempio 192.168.2.34 ed il provider gli attribuisce un suo indirizzo ip (per esempio) 92.25.23.54, con cui dovrebbe (se non ci fosse il proxy) essere visibile nella rete Internet. Permette, quindi, di avere un ip univoco in tutta la rete Internet e poter comunicare con gli altri ip address (altri utenti).

- Il provider invia la richiesta al proxy (tutto questo avviene automaticamente) che gli attribuisce un altro indirizzo (per esempio) 29.10.45.77 con cui è visibile sulla rete Internet.

- Il browser accede al sito con l'indirizzo del proxy stesso 29.10.45.77.

Questo significa che quando il nostro client (192.168.2.34) accede ad un sito Internet (Es. www.miosito.it), il web server che lo ospita registra l'ip adderss dell'ultimo computer che l'ha richiesto (29.10.45.77) e non il nostro (192.168.2.34).

In questo modo abbiamo mascherato il nostro indirizzo IP .

Per velocizzare i tempi di risposta, il proxy utilizza una cache interna (spazio disco) in cui memorizza le pagine html richieste dal client (nostro computer) per utilizzarle nuovamente in seguito. Se il client, più tardi, richiederà le stesse pagine html, il proxy utilizzerà quelle presenti nella cache piuttosto che andare a rileggerle nuovamente dal sito web diminuendo così i tempi di risposta. In realtà non siamo completamente anonimi perché il nostro accesso al proxy è registrato nei log (file di registrazione: "log file") della macchina stessa che lo ospita, per cui se qualcuno venisse in possesso di questi file, allora conoscerebbe tutta l'attività da noi svolta e riuscirebbe a risalire al vero IP address.

Se consideriamo anche il fatto che ad ogni apparato di rete che attraversiamo la nostra attività è registrata in un file di log, allora possiamo dire che quando attraversiamo la rete del provider sul suo log (registro degli accessi) viene scritto che il client con IP adderss 192.168.2.34 ha attraversato la rete del provider alle ore hhmmss in data ggmmaaa ed ha richiesto la connessione ad un sito Web utilizzando il server (il provider potrebbe non sapere che si tratta di un Proxy) 29.10.45.77.

In tutti i sistemi operativi (Windows, Unix) è presente un'utility che è in grado di visualizzare il cammino della nostra connessione a partire dal nostro computer.

Su Windows il comando si chiama **tracert** mentre sulle piattaforme Unix si chiama traceroute.

Dalla finestra DOS (Start > esegui > cmd) digitare il seguente comando:

tracert www.snoopblocker.com

L'utility parte dal nostro computer e visualizza tutte le macchine che la nostra connessione deve attraversare per arrivare a destinazione : il sito *www.snoopblocker.com*.

Traccia instradamento verso www.snoopblocker.com [65.110.6.44]

su un massimo di 30 punti di passaggio:

1	1 ms	1 ms	1 ms	192.168.2.1
2	3 ms	3 ms	3 ms	OPENRG [192.168.1.254]
3	29 ms	28 ms	28 ms	10.189.224.1
4	28 ms	28 ms	28 ms	10.2.105.146
5	28 ms	28 ms	27 ms	10.251.221.201
6	28 ms	28 ms	27 ms	10.251.216.22
7	28 ms	28 ms	27 ms	10.251.217.1
8	29 ms	28 ms	28 ms	10.251.221.186
9	28 ms	28 ms	27 ms	10.2.8.113
10	29 ms	28 ms	28 ms	10.2.0.9
11	28 ms	29 ms	28 ms	10.254.0.250
12	29 ms	29 ms	28 ms	10.254.9.181
13	28 ms	28 ms	29 ms	93-63-100-21.ip27.fastwebnet.it [93.63.100.21]
14	29 ms	29 ms	29 ms	93-63-100-170.ip27.fastwebnet.it [93.63.100.170]
15	29 ms	29 ms	29 ms	93-63-100-169.ip27.fastwebnet.it [93.63.100.169]
16	29 ms	29 ms	29 ms	93-63-100-178.ip27.fastwebnet.it [93.63.100.178]

17	38 ms	35 ms	34 ms	i79zhh-025-ten0-8-0-0.bb.ip-plus.net [164.128.34.9]
18	43 ms	47 ms	47 ms	i62bsw-025-bun1.bb.ip-plus.net [138.187.129.243]
19	120 ms	122 ms	122 ms	i00nye-005-pos2-0-0.bb.ip-plus.net [138.187.159.22]
20	189 ms	189 ms	189 ms	i00pao-005-gig2-0-0.bb.ip-plus.net [138.187.159.13]
21	188 ms	188 ms	188 ms	xe-0.paix.plalca01.us.bb.gin.ntt.net [198.32.176.14]
22	210 ms	210 ms	210 ms	ae-2.r06.plalca01.us.bb.gin.ntt.net [129.250.5.238]
23	210 ms	210 ms	212 ms	ae-1.r21.snjsca04.us.bb.gin.ntt.net [129.250.4.119]
24	217 ms	212 ms	210 ms	ae-1.r20.sttlwa01.us.bb.gin.ntt.net [129.250.3.38]
25	209 ms	216 ms	209 ms	ae-1.r04.sttlwa01.us.bb.gin.ntt.net [129.250.5.43]
26	210 ms	213 ms	211 ms	204.202.176.178
27	204 ms	205 ms	204 ms	xx208110096014.cipherkey.com [208.110.96.14]
28	207 ms	206 ms	205 ms	customer.65-110-0-34.cipherkey.net [65.110.0.34]
29	210 ms	205 ms	203 ms	65-110-6-44.cipherkey [65.110.6.44]

Traccia completata.

Il punto 1 è la macchina a casa nostra da cui esce la connessione.

Dal punto 2 al 16 (compreso) la connessione attraversa le macchine della rete privata del provider.

Dal punto 17 al 29 la connessione attraversa le macchine della rete Internet fino ad arrivare a destinazione.

Tutte le macchine (router, proxy, firewall, ..) attraversate dal punto 2 al 16 (compreso) registrano il nostro passaggio perché per legge tutti i provider italiani devono conservare i log file (file che tengono traccia di ogni connessione) per almeno 5 anni e devono sempre essere a disposizione dell'autorità giudiziaria ogni volta che essa ritiene necessaria la loro consultazione.

Dal punto 17 al 29 non sappiamo quale e se tutte le macchine registrano il nostro passaggio.

Alla luce di queste affermazioni nasce l'esigenza di rafforzare il nostro grado di anonimità sia sulla rete esterna ma soprattutto su quella interna dove la nostra attività viene sempre registrata.

Come navigare in modo anonimo

Per questione di privacy e di sicurezza è necessario proteggere i nostri dati durante la navigazione per cui dobbiamo considerare i due lati di una connessione: quello della rete esterna (Internet) e quello della rete interna (rete privata del provider). La tipologia degli utenti Internet è molto cambiata nel tempo. Alcune decine di anni fa la popolazione degli utenti era composta di persone che navigavano per interesse, per scoprire cose nuove, per necessità e da persone (hacker) che in pratica cercavano di scoprire se un sito era correttamente protetto oppure facilmente espugnabile.

Queste a loro volta erano divise in due categorie:

- quelle che, dopo avere individuato la vulnerabilità del sito, comunicavano all'amministratore del sistema il problema e consigliavano anche la soluzione.

- quelle che invece agivano in modo più deciso bloccando con opportune tecniche il sito attaccato.

La situazione oggi è cambiata radicalmente, le persone della prima categoria sono rare oppure non esistono più mentre quelle del secondo tipo sono diventate più aggressive perché attaccano siti su commissione, inviano e-mail fasulle cercando di carpire i codici delle carte di credito ed altre attività collaterali.

Sono molto ben organizzate perché lanciano i loro attacchi da postazioni situate in zone geografiche in cui è molto difficile oppure impossibile rintracciarli.

Gli interessi di queste persone sono molto vari: vanno dall'attacco dei server per procurare la sospensione di un servizio (Denial of service), alla ricerca in rete di dati che riguardano le carte di credito ed altri dati sensibili.

E' per questo motivo che nasce la necessità di salvaguardare la nostra privacy navigando anonimi e aumentando il livello di sicurezza del nostro computer.

In rete sono reperibili utility che permettono di conoscere la posizione geografica di un utente solamente dall'indirizzo IP.

Pensate ad un malintenzionato che vuole attuare ritorsioni nei confronti di una persona molto in vista oppure semplicemente molto agiata, le conseguenze sono inimmaginabili.

Proxy Server Anonimi

Se un server Proxy non registrasse il nostro IP Address in nessun log file, o ancora meglio se ne registrasse uno inventato al momento, allora la nostra sicurezza agli occhi degli utenti e dei siti Internet visitati sarebbe completa. In rete sono attivi diversi server con queste caratteristiche.

Nella rete Internet sono presenti diverse implementazioni di server proxy che è possibile utilizzare per nascondere il proprio indirizzo IP, nel tentativo di mantenere l'anonimato su Internet.

Website Based Proxy Servers

I server "web proxy" sono web server che presentano una schermata in cui inserire l'URL di un sito da visualizzare con una connessione anonima.

Ora utilizzeremo un web proxy che permette la navigazione anonima e per verificare che effettivamente il nostro ip address è cambiato eseguiamo un test.

Dalla figura 6 conosciamo il nostro vero ip address: 82.59.xx.yy

Vogliamo dimostrare che utilizzando un web proxy, il nostro ip address non sarà più lo stesso.

Se dalla barra degli indirizzi di Google, digitiamo il seguente link (web proxy) *http://www.snoopblocker.com/*, viene visualizzata la seguente schermata:

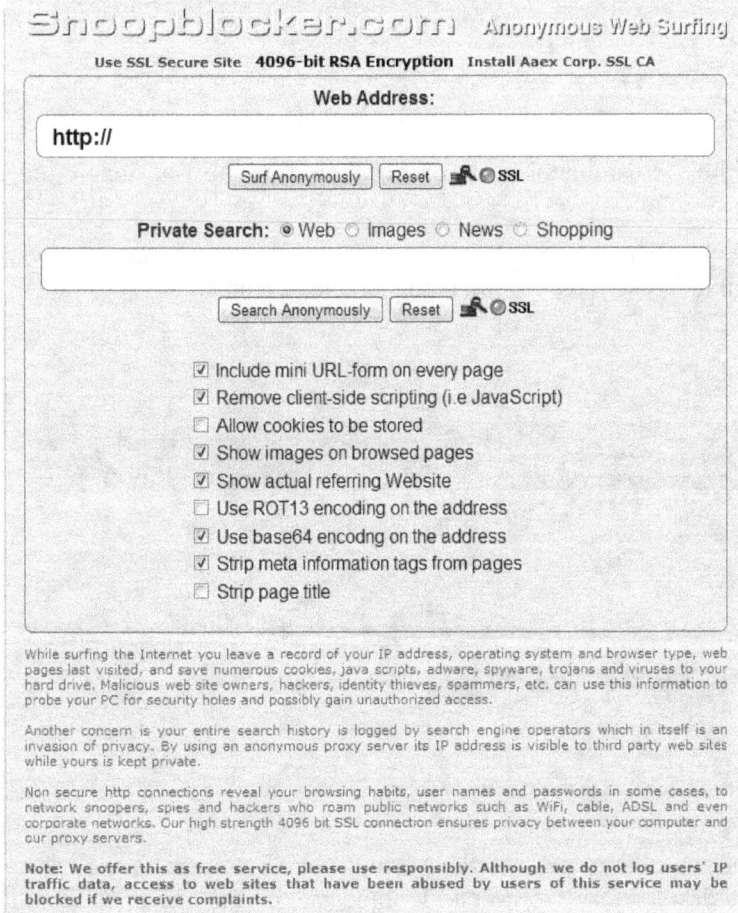

Fig.11

Nel campo "Web address" inseriamo il seguente indirizzo ***http://analyze.privacy.net*** (sito per verificare l'ip address), verrà visualizzata una pagina simile alla seguente:

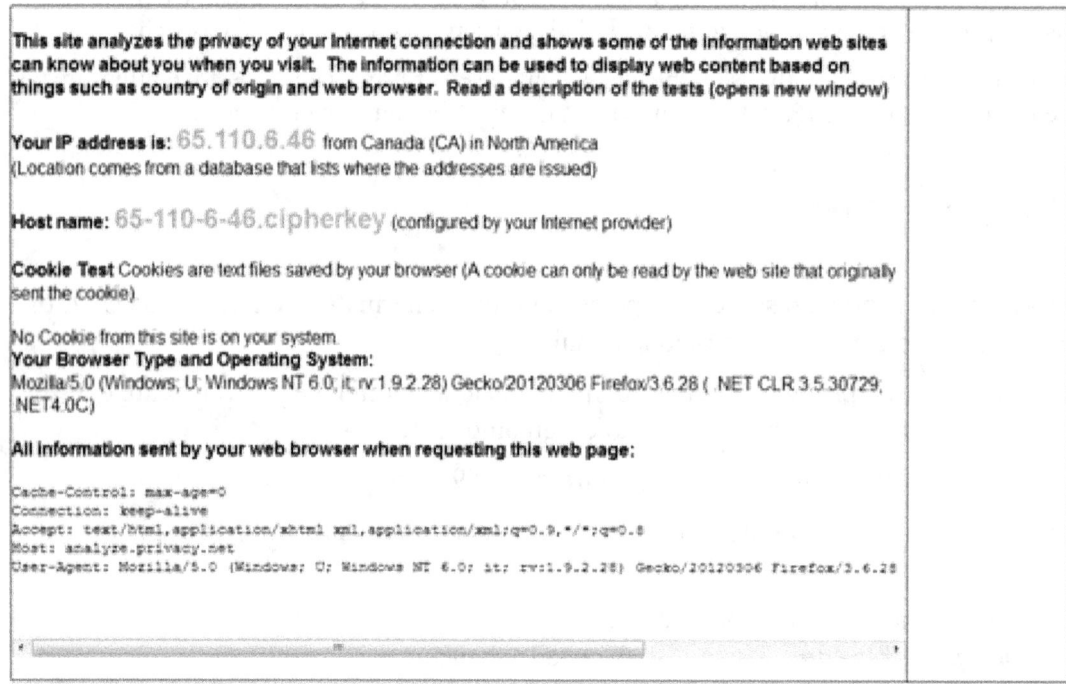

Fig.12

Come prima cosa si nota che l'ip address è cambiato, ora è **65.110.6.46** e inoltre l'hostname ora è diventato: **65-110-6-46.cipherkey**.

Possiamo effettivamente affermare che la nostra navigazione avviene in modo anonimo per cui se nel campo "Web address" ora inseriamo il link *www.yahoo.com*, navigheremo anonimamente nel sito.

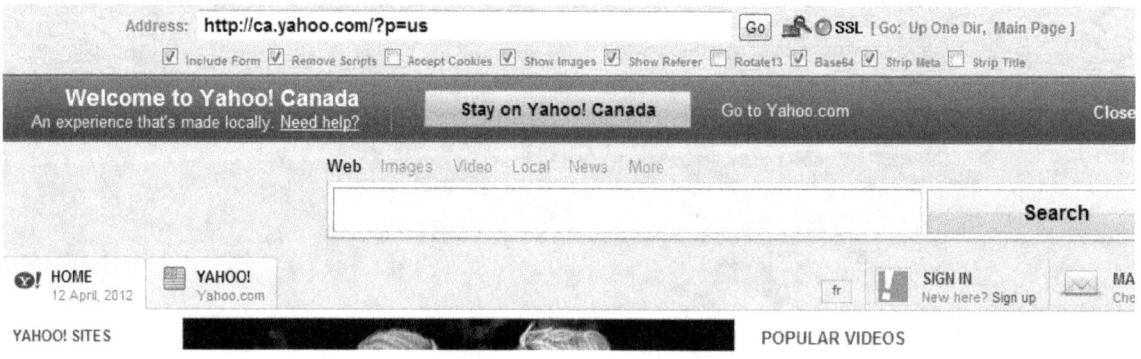

Fig.13

Nella parte alta dello schermo, si nota una barra con dei flags attivi; per disattivarli fare click col mouse in corrispondenza dell'opzione desiderata. Ricordo che le impostazioni già attive, assicurano un buon grado di protezione.

Nell'angolo in alto a destra dello schermo si nota un lucchetto e a fianco la parola SSL (Secure Sockets Layer), significa che le comunicazioni tra il nostro computer ed il web proxy sono crittografate (avvengo in modo sicuro, non in chiaro) per cui, anche se un malintenzionato riuscisse ad intercettare la nostra connessione, non riuscirebbe a leggere nulla di significativo.

Dopo avere verificato che l'ip address è cambiato, occupiamoci ora dei dati che viaggiano all'interno della nostra connessione che può "rivelarli" oppure no a seconda del tipo di connessione (http, https) stabilita con il web server.

Utilizzeremo uno sniffer (software per analizzare il traffico di rete) per verificare se i dati all'interno della connessione sono leggibili oppure no.

Verifichiamo prima di tutto cosa accade durante una normale connessione non protetta (i nostri dati sono in chiaro e leggibili) e in seguito una protetta (dati illeggibili).

Connessione NON protetta

Ricordo che per connessione non protetta si intende quella che fa uso di "http://" (mentre https:// è una connessione protetta) nella barra degli indirizzi del browser.

Per dimostrare in modo pratico cosa accade quando una connessione non è protetta, eseguirò un test, utilizzando uno sniffer chiamato Wireshark e dal mio computer mi collegherò ad esempio al sito *www.google.com*.

Devo premettere che lo sniffer analizza le comunicazioni utilizzando gli ip address invece degli hostname per cui è necessario conoscere l'ip address del sito *www.google.com*.

Per avere questa informazione, utilizzo un'utility che è presente su tutti i sistemi operativi e che si chiama nslookp; essa permette di conoscere gli ip address di un server partendo dal suo nome.

Dalla finestra DOS (Start > esegui > cmd) digitare il seguente comando:

nslookup www.google.com

produce il seguente risultato:

Server: anyres2.fastwebnet.it
Address: 83.103.25.250

Risposta da un server non autorevole:
Nome: www.l.google.com
Addresses: 173.194.35.145
        173.194.35.146
        173.194.35.147
        173.194.35.148
        173.194.35.144
Aliases: www.google.com

Gli indirizzi IP (un server può avere più di un indirizzo) del server *www.google.com* si trovano accanto alla parola Addresses: e sono:

173.194.35.145

173.194.35.146

173.194.35.147

173.194.35.148

173.194.35.144

Ora che ho tutte le informazioni posso procedere con il test.

Attivo lo sniffer e successivamente, con un browser, mi collego al sito www.google.com e nella barra di ricerca digito **computer security**: dimostrerò che queste due parole ed altre informazioni sulla mia sessione sono leggibili, per cui la connessione avviene in chiaro.

Fig.14

Nella figura che segue, la riga evidenziata con il colore rosso, indica che il mio computer (192.168.2.56) ha fatto una richiesta al web server www.google.com (173.194.35.148) e rende visibili al web server di Google tutte le informazioni racchiuse nella parentesi graffa di colore blu.

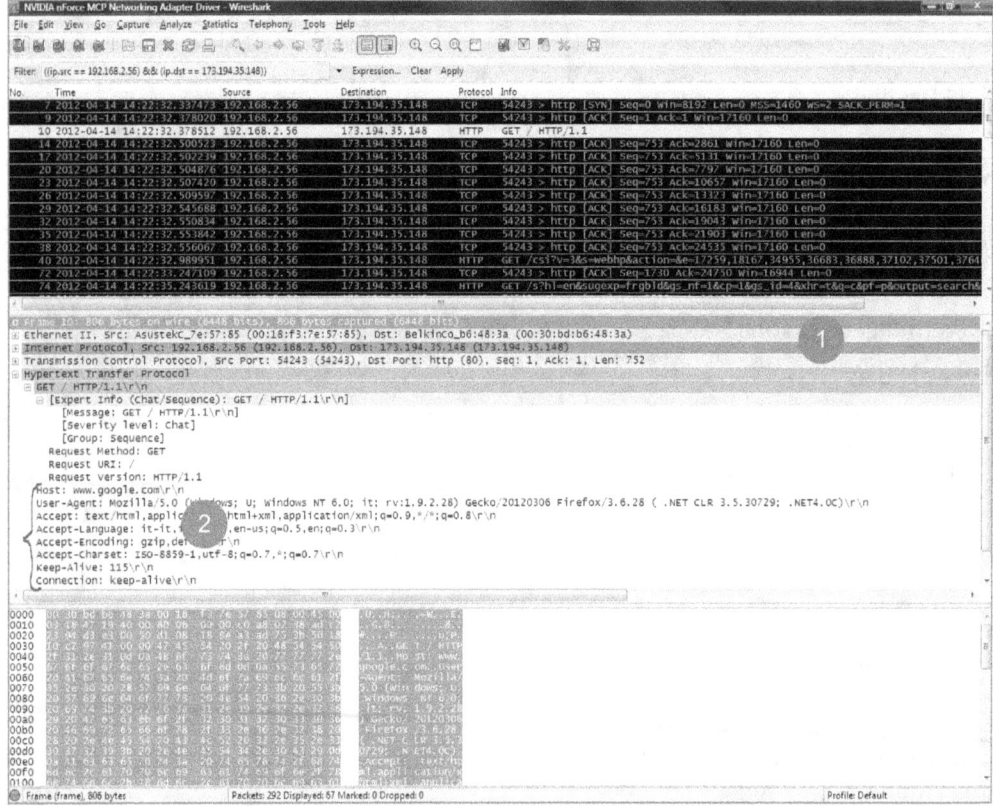

Fig.15

46

Internet Protocol, Src: 192.168.2.56 (192.168.2.56), Dst: 173.194.35.148 (173.194.35.148)

```
Host: www.google.com\r\n
User-Agent: Mozilla/5.0 (windows; U; windows NT 6.0; it; rv:1.9.2.28) Gecko/20120306 Firefox/3.6.28
Accept: text/html,application/xhtml+xml,application/xml;q=0.9,*/*;q=0.8\r\n
Accept-Language: it-it,it;q=0.8,en-us;q=0.5,en;q=0.3\r\n
Accept-Encoding: gzip,deflate\r\n
Accept-Charset: ISO-8859-1,utf-8;q=0.7,*;q=0.7\r\n
Keep-Alive: 115\r\n
Connection: keep-alive\r\n
```

Nella schermata che segue, si nota inoltre che le parole computer security, inserite nella barra di ricerca di Google, sono leggibili.

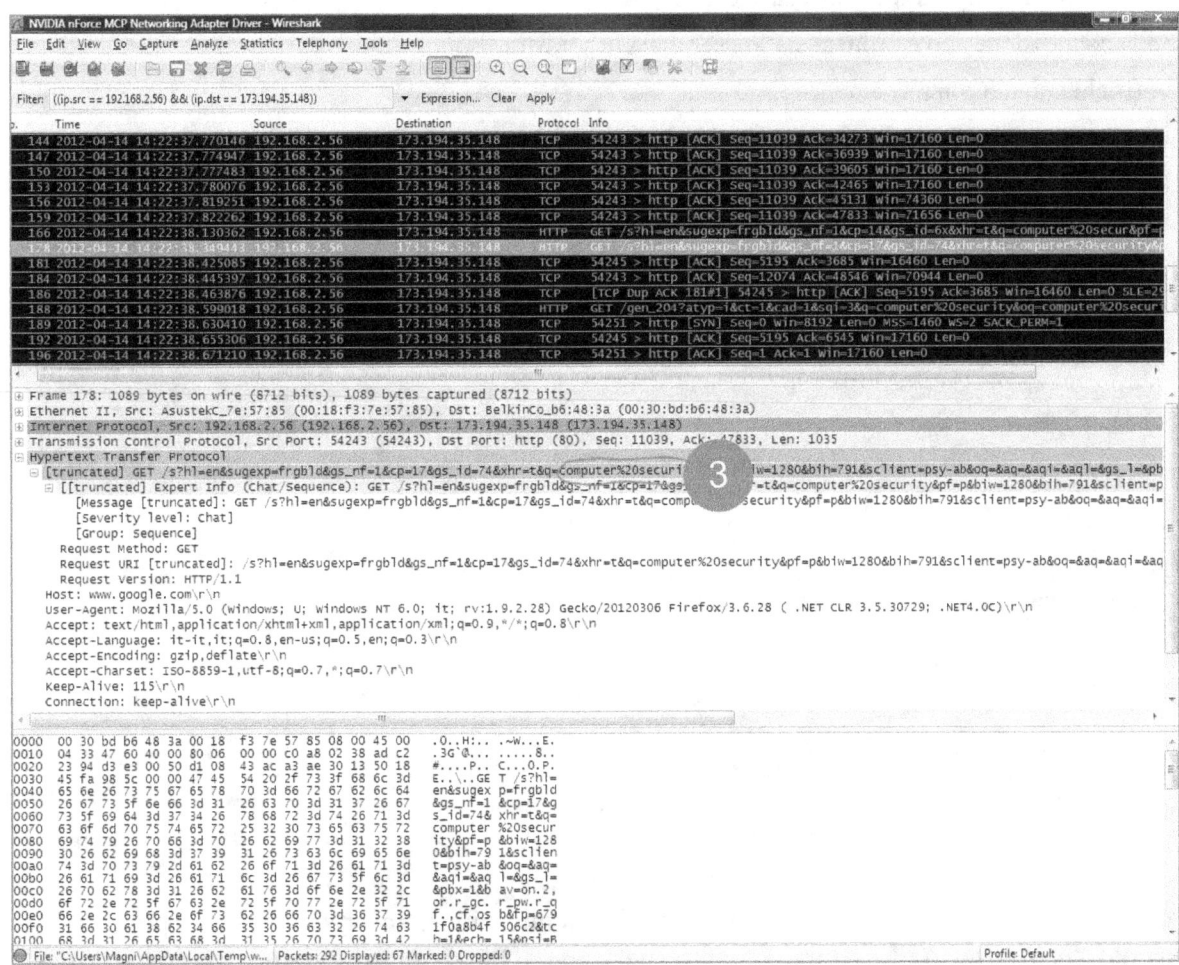

Fig.16

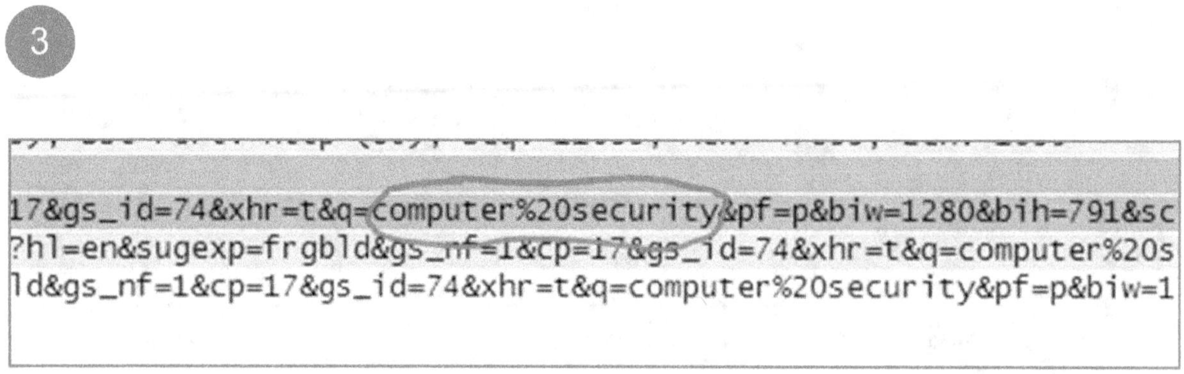

```
17&gs_id=74&xhr=t&q=computer%20security&pf=p&biw=1280&bih=791&sc
?hl=en&sugexp=frgbld&gs_nf=1&cp=17&gs_id=74&xhr=t&q=computer%20s
ld&gs_nf=1&cp=17&gs_id=74&xhr=t&q=computer%20security&pf=p&biw=1
```

Durante la comunicazione tra il mio computer ed il web server di Google queste

informazioni sono in chiaro, leggibili sia dai gestori del server, ma soprattutto da malintenzionati che possono analizzare il traffico della rete con strumenti simili a quello da noi utilizzato (sniffer).

Se invece di accedere al server di Google, visitiamo un sito in cui dobbiamo inserire le nostre credenziali: userid e password, cosa succede?

Se la connessione non è protetta sia lo userid sia la password sono in chiaro.

Verifichiamo ciò con un semplice test.

Accedo ad un sito in cui vi sia un form di registrazione (dove sono chieste userid e password) ed il cui accesso avvenga in modo non sicuro (http://.)

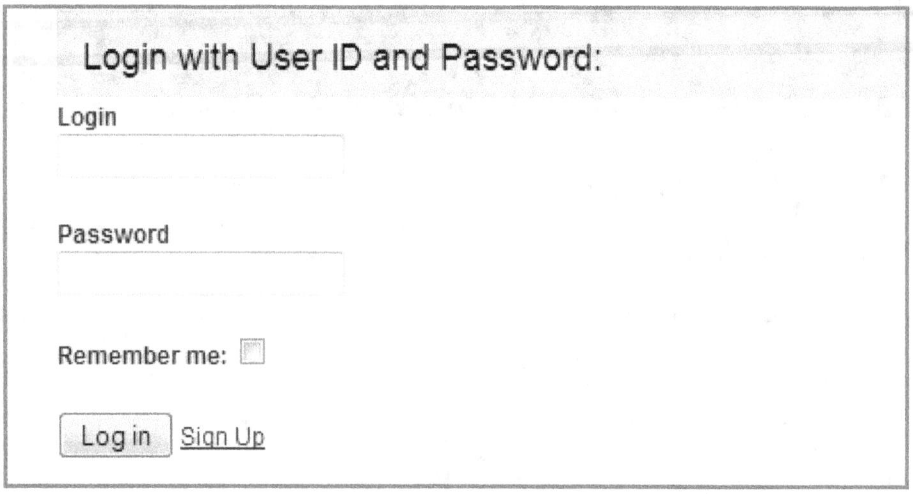

Login with User ID and Password:

Login

Password

Remember me: ☐

[Log in] Sign Up

Fig.17

Attivo sempre lo sniffer e poi, nel form di autenticazione, inserisco: nel campo **Login** la parola "*myusertest*"(ad esempio) mentre nel campo **Password** digitiamo "*mypasswordtest*" (ad esempio).

Di seguito si trova il dettaglio della mia autenticazione in cui si nota chiaramente, nell'ultima riga della figura, che lo userid e password sono in chiaro.

```
⊞ POST /session HTTP/1.1\r\n
   Host: www.fiaimages.com\r\n
   User-Agent: Mozilla/5.0 (Windows; U; Windows NT 6.0; it; rv:1.9.2.28) Gecko/20120306 Firefox/3.6.28 ( .NET CLR 3.5.3072
   Accept: text/html,application/xhtml+xml,application/xml;q=0.9,*/*;q=0.8\r\n
   Accept-Language: it-it,it;q=0.8,en-us;q=0.5,en;q=0.3\r\n
   Accept-Encoding: gzip,deflate\r\n
   Accept-Charset: ISO-8859-1,utf-8;q=0.7,*;q=0.7\r\n
   Keep-Alive: 115\r\n
   Connection: keep-alive\r\n
   Referer: http://www.fiaimages.com/session/new\r\n
   [truncated] Cookie: _fia_session=BAh7CDoMY3NyZ19pZCIlMGR1ZjE2ZjMwYWMyZDJkZGM1ZDQ3NTViZ0MyMDc2%0AYjciCmZsYXNoSUM6J0FjdG1
   Content-Type: application/x-www-form-urlencoded\r\n
⊟ Content-Length: 114\r\n
     [Content length: 114]
   \r\n
⊟ Line-based text data: application/x-www-form-urlencoded
     authenticity_token=abba835712d6ad27e82ce71065d099be124103a1&login=myusertest&password=mypasswordtest&commit=Log+in
```

`&login=myusertest&password=mypasswordtest&`

Fig.18

Connessione protetta

Per eseguire il test utilizzo lo sniffer Wireshark; dal mio computer mi collego al proxy *www.snoopblocker.com* (che permette una connessione sicura) e da lì al sito *www.google.com*. Visto che lo sniffer si basa sugli ip address, allora è necessario conoscere l'ip address del proxy *www.snoopblocker.com*, mentre gli altri ip address (mio computer e sito di Google) sono noti. Per fare questo, dalla finestra DOS (Start > esegui > cmd) digito il seguente comando:

nslookup www.snoopblocker.com

e produce il seguente risultato:

Nome: www.snoopblocker.com
Addresses: 65.110.6.33
         65.110.6.34
         65.110.6.35
         65.110.6.36
         65.110.6.40
         65.110.6.41
         65.110.6.42
         65.110.6.43
         65.110.6.44
         65.110.6.45

65.110.6.46

65.110.6.47

Per riassumere, gli indirizzi in gioco sono i seguenti:

mio computer	192.168.2.56
www.snoopblocker.com	65.110.6.nn
www.google.com	173.194.35.148

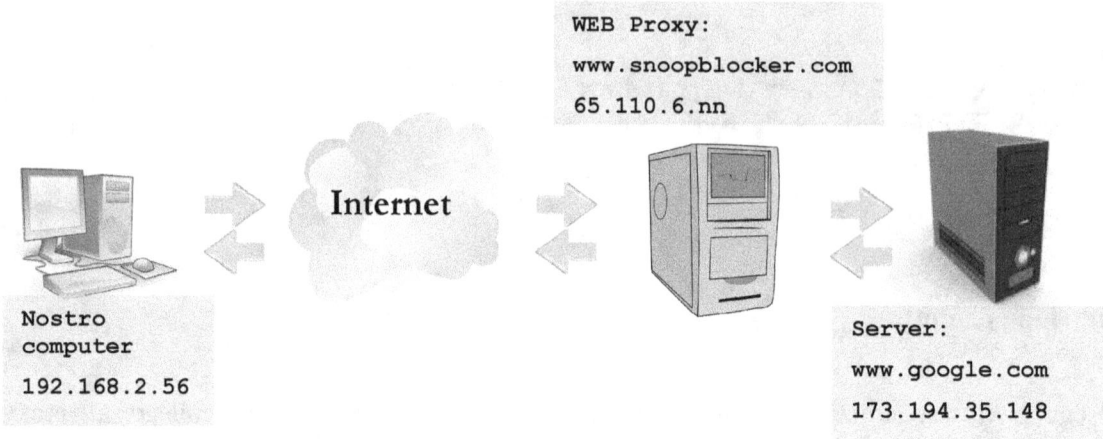

Fig.19

Come nel test precedente, attivo lo sniffer e successivamente, con un browser, mi collego al WEB Proxy con *https://www.snoopblocker.com* e successivamente al sito *www.google.com*. Nella barra di ricerca digito **computer security**: dimostrerò che queste due parole ed altre informazioni sulla mia sessione non sono più leggibili, per cui la connessione avviene in modo protetto.

La riga evidenziata in blu, indica che il mio computer (192.168.2.56) ha fatto una richiesta al web server www.snoopblocker.com (65.110.6.34) e che la comunicazione è crittografata (TLSv1). Come si vede dalla riga evidenziata in giallo, nessun parametro della mia sessione è leggibile.

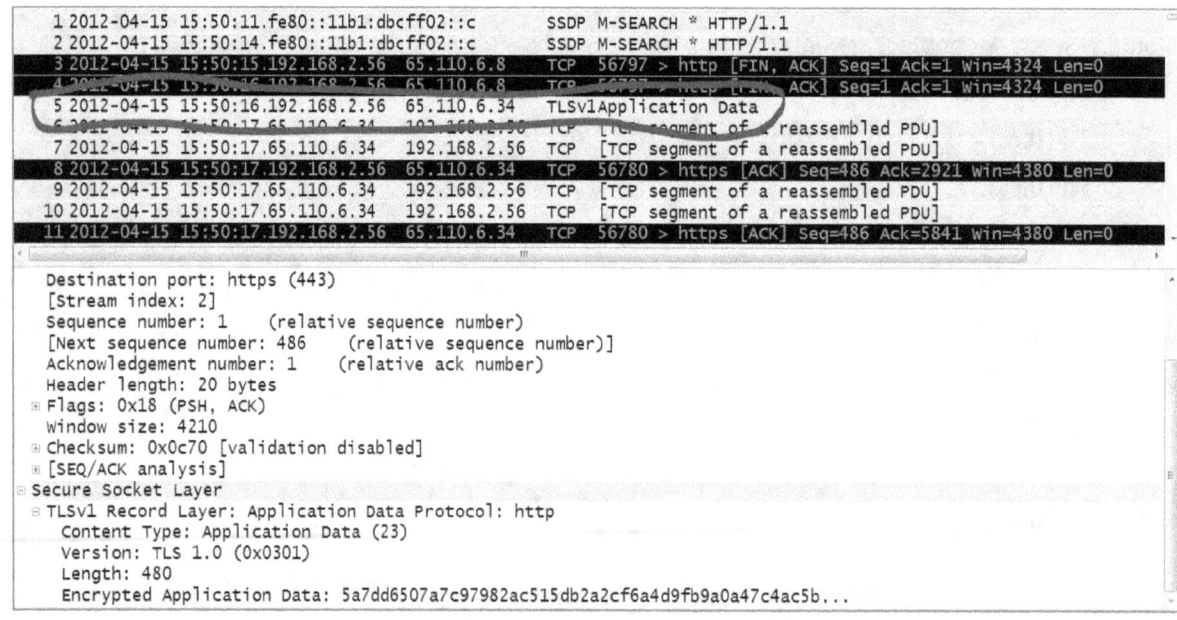

Fig.20

Inoltre, analizzando tutti i dati rilevati dallo sniffer, non vi è traccia delle parole computer security; questo fatto garantisce che la connessione è avvenuta in modo sicuro sia tra me ed il proxy e poi tra il proxy ed il sito di Google.

Tuttavia, se analizziamo con attenzione la figura 7 si nota che sono ancora in chiaro il tipo di browser che ho utilizzato (Mozilla/5.0 (Windows; U; Windows NT 6.0; it; rv:1.9.2.28) Gecko/20120306 Firefox/3.6.28 (.NET CLR 3.5.30729; .NET4.0C), i cookies , il sistema operativo (Windows Vista) ed altre informazioni che sono molto utili per scoprire eventuali vulnerabilità.

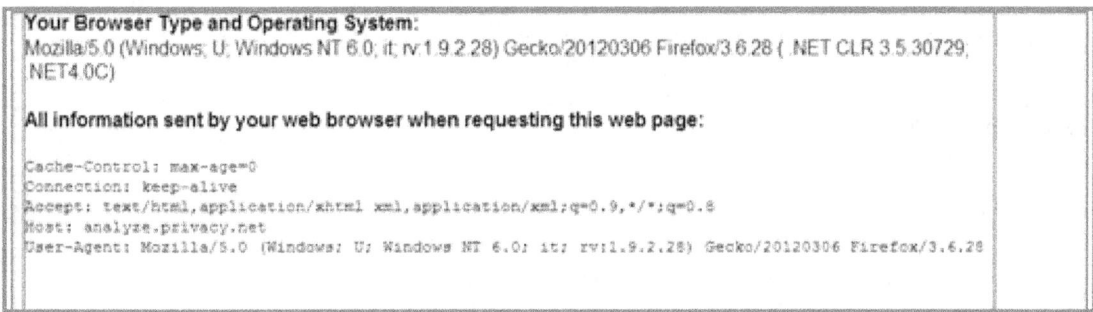

Per renderci ancora più anonimi e meno vulnerabili, dobbiamo fare in modo tale che anche queste informazioni non siano più visibili. Per esempio, inseriamo il seguente link nella barra degli indirizzi del browser https://ssl-proxy.my-addr.com/, sarà visualizzata una schermata simile alla seguente:

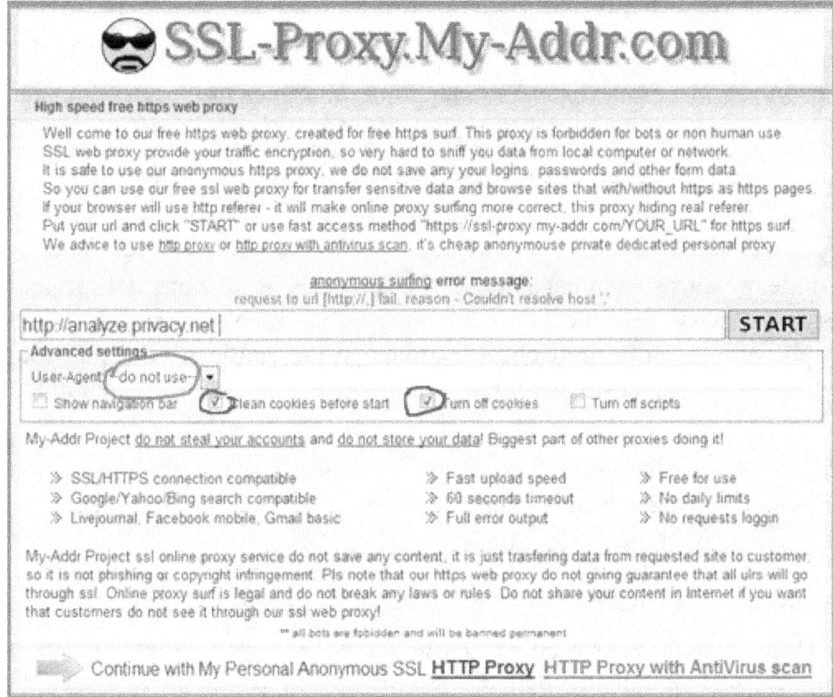

Fig.21

- Nel campo a tendina User-Agent, selezioniamo la voce -do not use-

- Selezioniamo le due caselle di selezione: Clean cookies before start e Turn off cookies.

- Inseriamo nel campo START il seguente link *http://analyze.privacy.net*

Sarà visualizzata una schermata simile alla seguente:

```
Your Browser Type and Operating System:

All information sent by your web browser when requesting this web page:

Content-Length: 0
Accept: text/html,application/xhtml xml,application/xml;q=0.9,*/*;q=0.8
Accept-Charset: ISO-8859-1,utf-8;q=0.7,*;q=0.7
Accept-Language: it-it,it;q=0.8,en-us;q=0.5,en;q=0.3
Cookie: Privacy.net=Privacy Analysis; Privacy.net_Last_Visit=4/18/2012; bhCookieSess=1; bhCookieSave
Host: analyze.privacy.net
```

System Details:	Display and Layout:	Plugin Information:
Platform: Unknown		Acrobat Plugin not detectable.
Win16: False	Width: 0	Authorware Plugin not detectable.
WinInstallerMinVer: 0	WidthAvail: 0	Citrix Plugin not detectable.
	Height: 0	Crystal Reports Plugin not detectable.
Browser Type and Version:	StyleSheets: False	Director (Shockwave) Plugin not detectable.
Browser: Default	PNG: False	Flip4Mac Plugin Not Installed.
Fullversion:	FontSmoothing: False	iPixViewer Plugin not detectable.
Gecko: False	FontColor: False	MapGuide Plugin not detectable.
Crawler: False	FontSize: False	QuickTime Plugin not detectable.

Si nota subito che sono scomparse tutte le informazioni riguardanti il browser, al sistema operativo e altre informazioni.

Ora, oltre a navigare con un ip anonimo, non "esportiamo" nessun'altra informazione.

Conclusioni

Alcuni Web Proxy sono gratuiti mentre altri sono a pagamento. Il costo varia in funzione del servizio richiesto e dai tempi di risposta del Proxy. Durante la connessione ad un Web server, oltre all'Ip address, "viaggiano" in rete molte altre informazioni che riguardano per esempio il contenuto dei cookies, il tipo di browser utilizzato, ...Il costo è quindi in funzione del grado di anonimato desiderato.

In rete si trovano molti siti che offrono servizi gratuiti di navigazione anonima, ma è buona norma utilizzare quelli che ci espongono il meno possibile alle insidie della rete.

Per trovarli, dalla barra di ricerca di Google digitare: **anonymizer ssl web proxy**.

Utilizzare i proxy, rallenta la connessione in funzione dei tempi di risposta del proxy stesso.

Quando accediamo ad un sito, la nostra connessione non è diretta (tra noi e il web server) ma passa attraverso un intermediario (proxy) che la rallenta perché esso prende in carico la richiesta, la indirizza al sito di destinazione, riceve la risposta ed infine la reindirizza a noi.

Browser Configured Proxy Servers

I proxy server sono computer collegati alla rete che permettono di configurare il nostro browser per instradare il traffico Web, attraverso di essi. Come abbiamo già detto, questi particolari server si comportano da intermediari tra noi ed i siti Internet che visitiamo. Possiamo ridurre il loro funzionamento al seguente schema:

- Il navigatore (noi) si collega al proxy (impostato nel browser) e gli invia le richieste.
- Il proxy si collega al server del sito web da visitare e gli trasmette la richiesta del navigatore.
- Ricevuta la risposta, il proxy la reindirizza al navigatore.

In pratica, non siamo più connessi direttamente al server del sito che visitiamo, ma transitiamo attraverso il proxy che diventa il nostro server di riferimento.

Per utilizzare questo tipo di navigazione è necessario impostare il browser in modo che conosca il proxy server da contattare in modo che la nostra connessione passi sempre attraverso questo server prima di arrivare al sito di destinazione.

Impostazione di Microsoft Internet Explorer 7 e successivi

Aprire Internet Explorer e con il mouse seguire il seguente percorso:

- Strumenti
- Opzioni Internet
- Avanzate

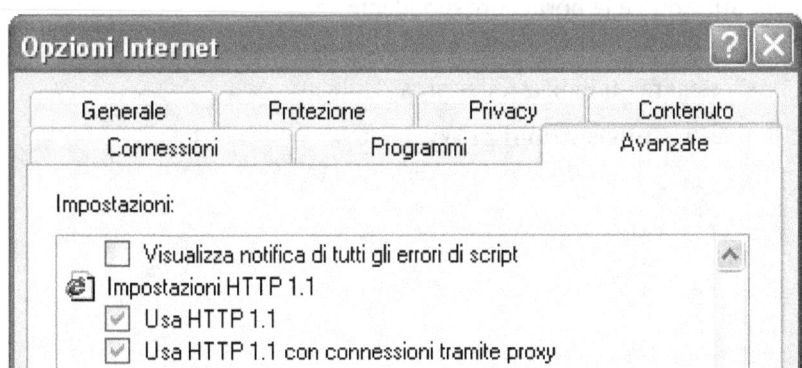

Fig.22

A questo punto spuntare, se non già abilitata, la casella (Fig.22)

Usa HTTP 1.1 con connessioni tramite proxy.

Spostiamoci ora sulla linguetta "Connessioni" facendo clic con il mouse (Fig.23):

Premere il tasto "Impostazioni LAN" in basso a destra

Nella schermata che segue, nel riquadro in basso "Server proxy" spuntare le caselle:

- **Utilizza un server proxy per le connessioni LAN**

- **Ignora server proxy per indirizzi locali.**

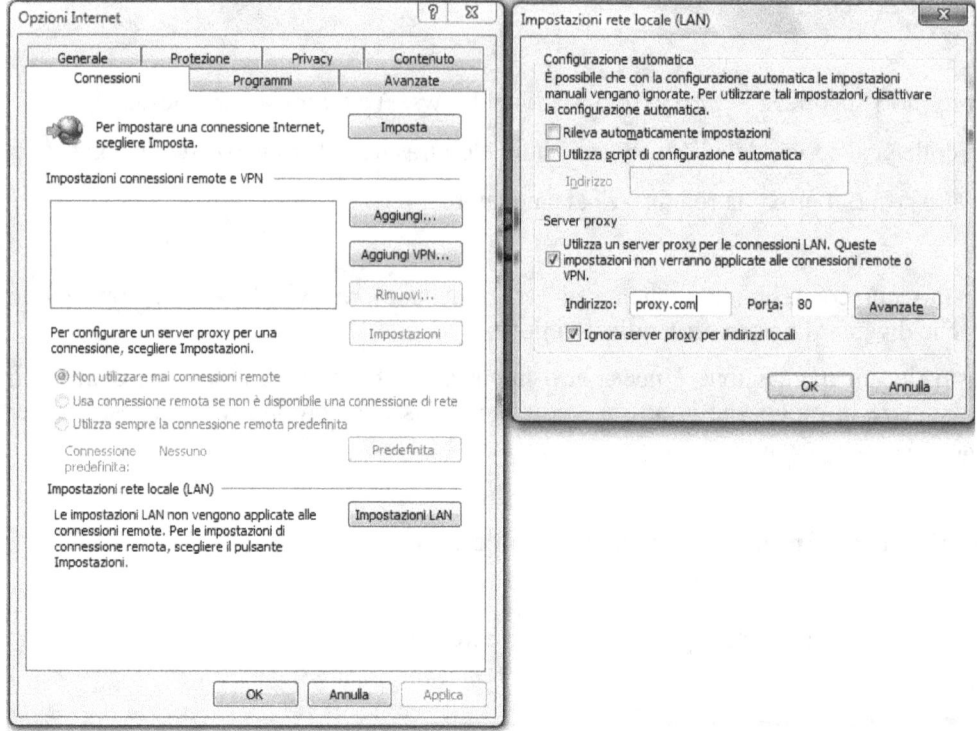

Fig.23

Inserire nel riquadro "Indirizzo" l'esatto indirizzo **IP address** del proxy oppure il nome (es. proxy.com) del server che si desidera utilizzare e la porta corrispondente.

Come ottenere l'indirizzo IP (oppure il nome) del proxy e il numero della porta, sarà spiegato in seguito nel paragrafo intitolato "Come ottenere gli indirizzi dei proxy".

Facendo clic su **Avanzate**, si apre la finestra **Impostazioni proxy.**

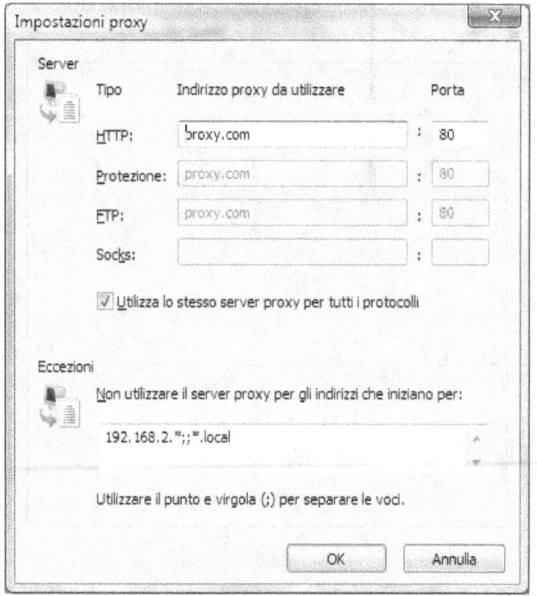

Fig.24

In questa pagina è possibile indicare se desideriamo utilizzare l'accesso al proxy per tutti i servizi, in particolare:

HTTP - per una normale navigazione web

Protezione (chiamato Secure fino a IE6) - per le connessioni sicure https

FTP - file transfer protocol, usato per i download

Socks - proxy di rete protetti da firewall (anonimi)

Nella sezione "**Eccezioni**" si possono anche indicare i domini da non considerare nelle richieste al proxy, per esempio le pagine che riteniamo possano cambiare spesso (news) o l'accesso alla nostra web mail oppure alla rete interna.

Clic su **OK** per confermare.

Impostazione di Firefox 3.6 e successivi

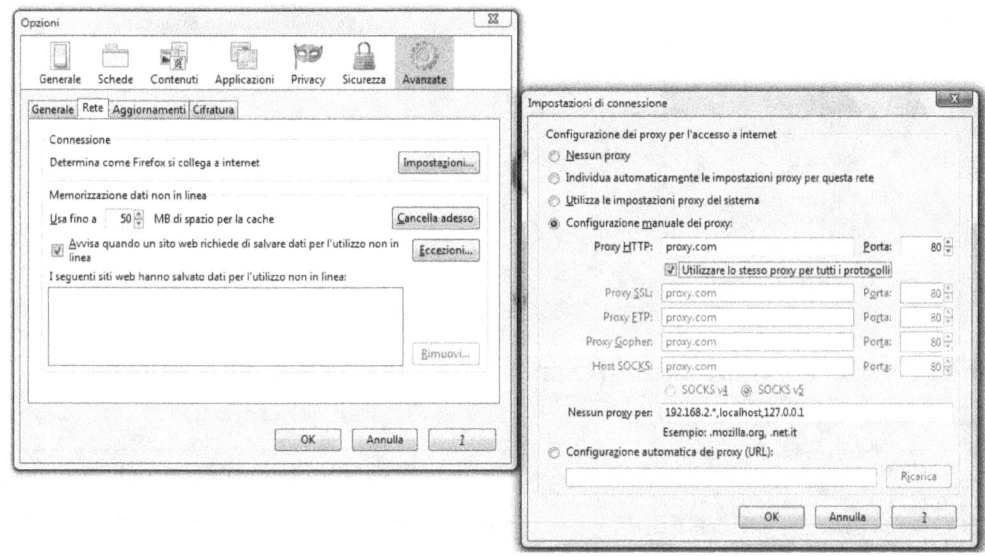

Fig.25

Dalla barra degli strumenti di Firefox, selezionate la voce Strumenti e in seguito Opzioni e poi Avanzate. Selezionare la linguetta "Rete" e premere il tasto "Impostazioni di connessione".

Selezionare il radio button **Configurazione manuale dei proxy** e di seguito nei box: **Proxy HTTP** scrivere l'esatto indirizzo **IP address** del proxy server o l'hostname e nel campo **Porta**, scrivere il numero della porta in ascolto indicata dal proxy.

Nel box **Nessun proxy per** si possono anche indicare i domini da non considerare nelle richieste al proxy, per esempio le pagine che riteniamo possano cambiare spesso (news) o alla nostra web mail oppure la nostra rete interna.

Clic su **OK** per confermare.

Impostazione di Google Chrome

Una volta aperto Chrome, fare clic sul bottone, con il simbolo della chiave inglese, in alto a destra della pagina.

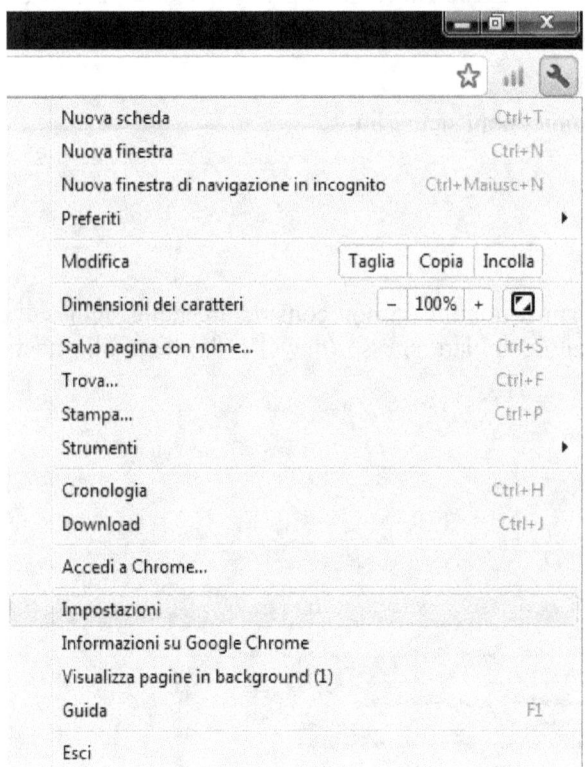

Dal menù a tendina selezionare **Impostazioni** , sarà visualizzata la seguente schermata:

Selezionare ora dal menù a sinistra dello schermo : **Roba da smanettoni**

Dal sottomenù rete,sulla destra dello schermo, selezionare :**Modifica impostazioni proxy**

Si aprirà la pagina **Connessioni** di Internet Explorer.

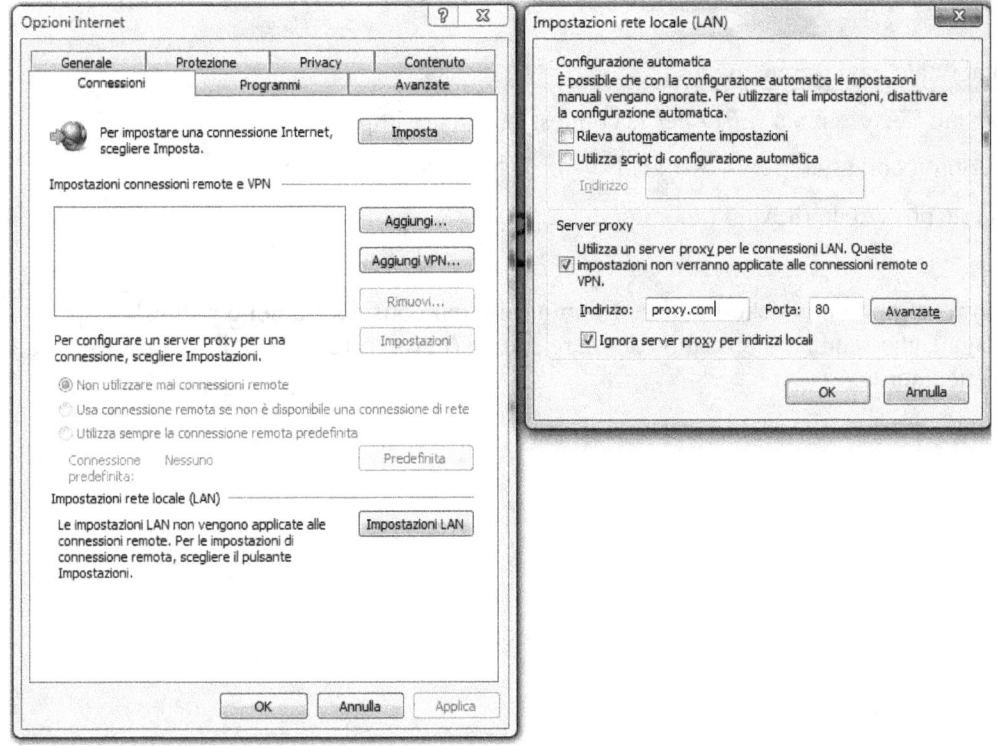

Fig.26

Inserire nel riquadro "Indirizzo", l'esatto indirizzo **IP address** del proxy oppure il nome (es. proxy.com) del server che si desidera utilizzare e la porta corrispondente.

Come ottenere l'indirizzo IP (oppure il nome) del proxy e il numero della porta, sarà spiegato in seguito nel paragrafo intitolato "Come ottenere gli indirizzi del proxy"

Facendo click su **Avanzate**, si apre la finestra **Impostazioni proxy.**

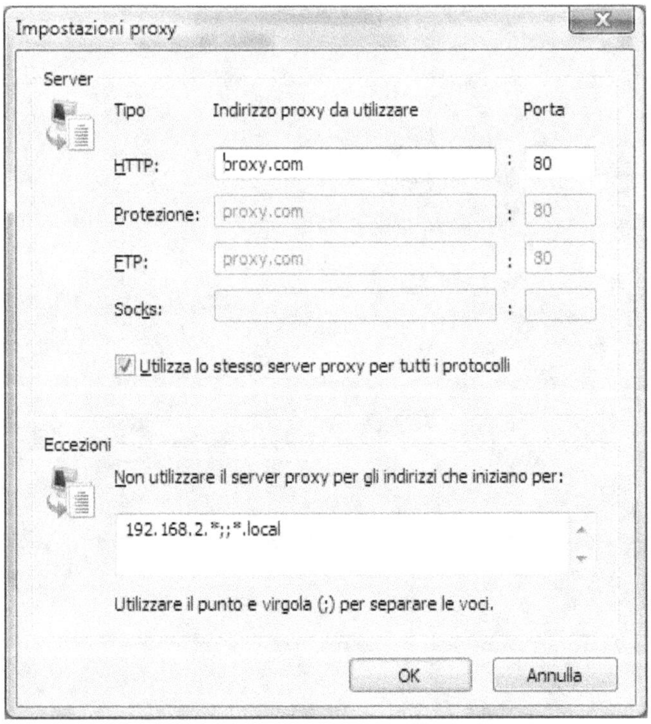

Fig.27

In questa pagina è possibile indicare se desideriamo utilizzare l'accesso al proxy per tutti i servizi, in particolare:

HTTP - per una normale navigazione web

Protezione (chiamato Secure fino a IE6) - per le connessioni sicure https

FTP - file transfer protocol, usato per i download

Socks - proxy di rete protetti da firewall (anonimi)

Nel box "**Eccezioni**" si possono anche indicare i domini da non considerare nelle richieste al proxy, per esempio le pagine che riteniamo possano cambiare spesso (news) o l'accesso alla nostra web mail oppure la nostra rete interna.

Clic su **OK** per confermare.

I browser configured Proxy Servers si suddividono in diverse tipologie a seconda del grado di anonimità che applicano.

Transparent web proxy o Non anonymous proxy (NOA)

E' il proxy server più comune utilizzato da molti Internet Service Providers (I.S.P.). Per risparmiare sulla banda di connessione ad Internet e per fornire download veloci ai loro clienti, gli ISP fanno uso di proxy per salvare le pagine HTML nella cache. Questo significa che la prima volta che un client (noi) accede ad un sito web, le sue pagine html sono caricate nella memoria del proxy (cache) e questo fino al successivo svuotamento di questa. La seconda persona che richiederà quella stessa pagina web, la scaricherà dalla cache e non dal sito. Questo permette una visualizzazione più veloce e un risparmio della banda di connessione. Noi, in quanto utenti di un I.S.P. siamo connessi alla rete Internet attraverso un "transparent proxy".

Questa tipologia di server trasmette tutte le nostre informazioni.

Anonymous Proxy (ANM)

Questo tipo di server non trasmette l'IP del richiedente (noi) ma quello del proxy stesso. Esso modifica o aggiunge alcuni header (campi all'interno della connessione che possono avere un valore associato) per cui essi sono facilmente riconoscibili dal web server che si accorge delle richieste provenienti da un proxy e non da un computer della rete.

Questi proxy server non nascondono che la comunicazione si avvale dell'uso di un proxy, tuttavia essi rimpiazzano il vero ip address con quello del proxy.

I campi in questione che si trovano all'interno della nostra connessione e che il proxy invia all'web server sono i seguenti:

REMOTE_ADDR = contiene l'IP del proxy

HTTP_VIA = contiene l'IP del proxy

HTTP_X_FORWARDED_FOR = contiene l'IP del proxy

È ora semplice capire che un web server, eseguendo un controllo su questi tre campi, individua la richiesta come proveniente da un proxy oppure no e può decidere di bloccarla.

Distorting Proxy

Questo tipo di server si identifica come un server proxy, ma cambia l'indirizzo IP che lo ha contattato (quello del nostro computer) con uno calcolato al momento (casuale), per cui fornisce un buon grado di anonimità.

Durante la connessione il proxy invia all'web server i seguenti dati:

REMOTE_ADDR = proxy IP

HTTP_VIA = proxy IP

HTTP_X_FORWARDED_FOR = random IP address

High Anonymity Proxy (HIA)

Questo tipo di server proxy non si identifica come un server proxy e non mette a disposizione l'indirizzo IP che l'ha contattato. In questo caso l'anonimità è molto elevata.

Questi tipi di proxy sono conosciuti come "high anonymity proxy" o "elite proxy". In contrasto con gli altri tipi di proxy, esso si presenta al web server come un ip qualunque.

Durante la connessione il proxy invia all'web server i seguenti dati:

REMOTE_ADDR = proxy IP
HTTP_VIA = not determined
HTTP_X_FORWARDED_FOR = not determined

Misconfigured Servers

Spesso i server proxy pubblici sono accessibili perché non sono stati configurati correttamente. La maggior parte dei server proxy accessibili non dovrebbero essere pubblici. La persona che ha configurato il server non era a conoscenza dei potenziali problemi e rischi per la sicurezza. È molto comune per un amministratore inesperto configurare un proxy con diritti di accesso a chiunque.

Honey Pots o Honey Proxies

Tutto ciò che viene eseguito tramite i server proxy può essere registrato e tracciato. Una "pentola di miele" (traduzione letterale) è un server proxy aperto intenzionalmente e messo in atto da professionisti della sicurezza oppure dalla polizia per attrarre gli hacker e tenere traccia delle loro mosse. Viceversa un "Honey Pots" può essere gestito da un hacker per perseguire i suoi scopi.

Proxy CGI

Un proxy CGI è un sito web attraverso il quale è possibile navigare in rete in modo anonimo. Per utilizzare un proxy CGI occorre collegarsi ad un apposito sito web che ci permette, dopo aver digitato l'indirizzo web che si vuole visitare, di collegarci ad esso in modo anonimo.

I proxy CGI hanno la caratteristica di permettere la concatenazione di più proxy rendendo più alto il nostro livello di anonimato.

Su Internet è possibile trovare liste di siti CGI, con Google è sufficiente digitare la stringa seguente nel campo di ricerca **inurl:"nph-proxy.cgi" "start using cgiproxy"**

Un proxy CGI, permette all'utente di scegliere quali dati inviare al server (cookies, tipo di browser, etc.) nascondendo l'IP e anche senza avere i diritti di amministratore, permette all'utente di modificare le impostazioni del browser; in altre parole, permette di eludere le restrizioni di navigazione imposte dal sistema.

Uno svantaggio è che alcuni proxy CGI non permettono la gestione dei cookies, referer e javascript.

Un esempio di proxy CGI si trova all'indirizzo *http://tools.rosinstrument.com/cgi-proxy.htm*:

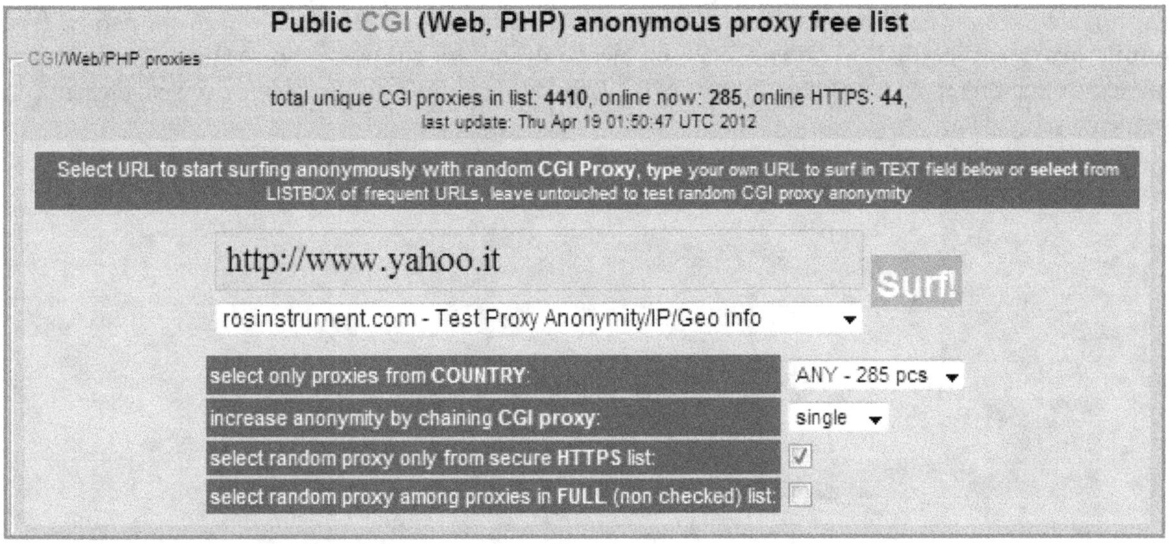

Fig.28

Nell'esempio di figura 28 abbiamo visitato il sito di ww.yahoo.it con un proxy CGI.

Notiamo che la seconda opzione "increase anonymity by chaining CGI proxy:" ha un menù a tendina da cui possiamo scegliere se navigare con un solo proxy o al massimo con tre proxy in catena. L'opzione della riga seguente "select random proxy only from secure **HTTPS** list:" è selezionata, per cui significa che la comunicazione è anche crittografata (https).

Proxy SOCKS

Prima di spiegare il significato di socks è necessario fare una premessa sui protocolli.

Il termine protocollo, indica una sequenza di regole che due computer devono rispettare durante la loro connessione. Esistono diversi tipi di protocolli che sono utilizzati secondo le esigenze.

Per esempio, quando ci connettiamo ad un sito, nella barra degli indirizzi scriviamo http (o https):

questo è il protocollo che un browser deve usare per "parlare" con un web server sul quale è installato un software in grado di comprendere tutti i dati che gli vengono spediti.

Non a caso il software del web server è noto anche con il nome httpd (la d finale indica che è un daemon, un programma che resta sempre attivo in memoria).

Come detto prima, esistono molti protocolli; uno di questi è il socks.

Esistono due tipi di protocolli Socks:

1. **Socks 4**: permette di lavorare solo con i protocolli TCP, come HTTP (web browsing), accesso NNTP newsgroup, IRC,....

2. **Socks 5:** è più avanzato, permettendo di rendere anonimo anche i protocolli UDP (ICQ per esempio).

Come ottenere gli indirizzi dei proxy

Le tipologie di proxy analizzate offrono ciascuna un grado di anonimato differente.

Se vogliamo il massimo anonimato, è necessario utilizzare gli **High Anonymity Proxy** o **elite proxy**. Per trovare i proxy che ci interessano, inserire nella barra di ricerca di Google le seguenti parole: **free public proxy servers list**. Si ottiene, così, un elenco di link tra cui possiamo scegliere quello che ci interessa. Per esempio, scegliamo il seguente: *http://tools.rosinstrument.com/proxy/*; si presenta la seguente schermata:

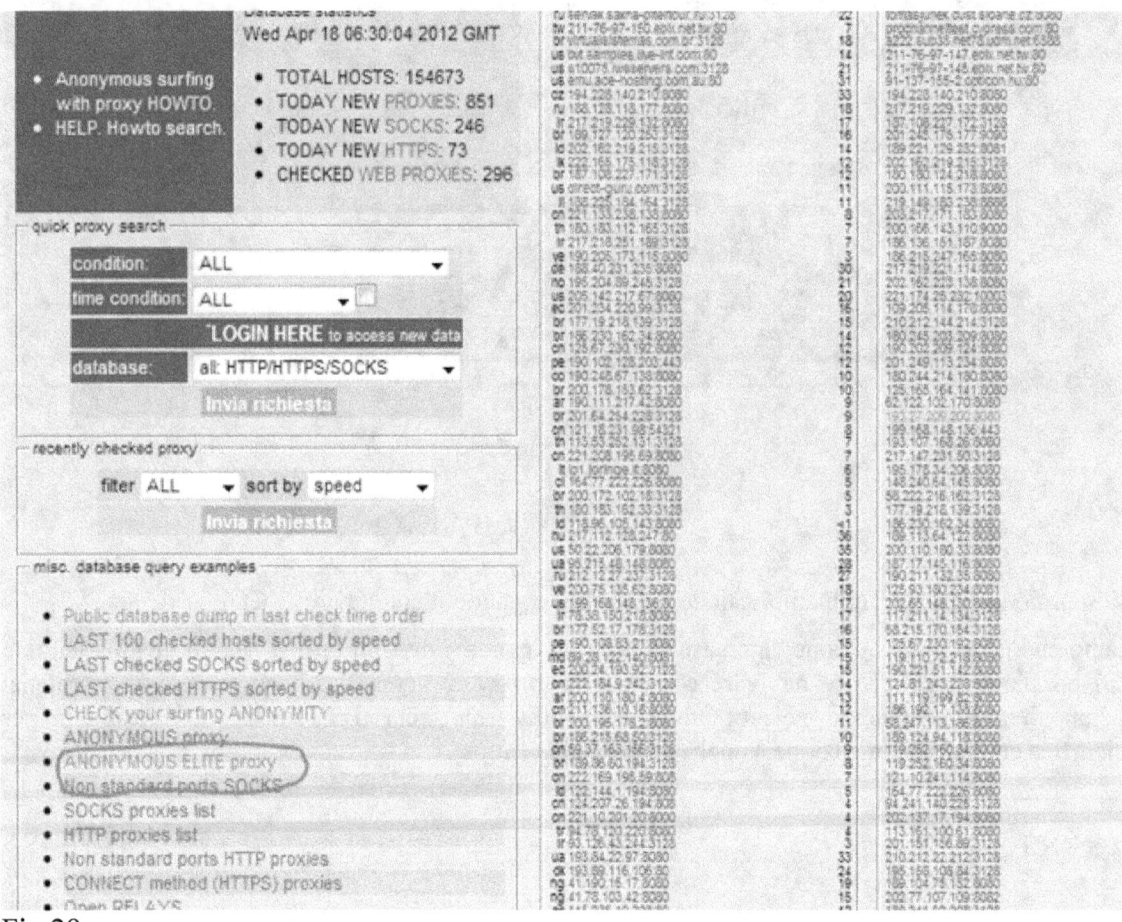

Fig.29

Dal menù a sinistra, selezioniamo **ANONYMOUS ELITE proxy** (cerchiato di rosso) e sarà visualizzata una schermata simile alla seguente:

STAT	HOST NAME	PORT + SOCKS - CONNECT	DATE of last check
1 stat	110.188.106.132	9415	2011-01-01
2 stat	110.201.25.245	9415	2011-01-01
3 stat	110.231.186.58	9415	2011-01-01
4 stat	111-251-105-225.dynamic.hinet.net	9415	2011-01-01
5 stat	111-255-162-91.dynamic.hinet.net	8088	2011-01-01
6 stat	111.116.88.185	9415	2011-01-01
7 stat	111.166.188.114	9415	2011-01-01
8 stat	112.0.214.90	9415	2011-01-01
9 stat	112.0.249.26	9415	2011-01-01
10 stat	112.0.254.35	9415	2011-01-01

Fig.30

Hostname è l'ip del proxy e port è il numero della porta corrispondente che devono essere inseriti nella configurazione del browser come visto in precedenza.

Sempre dalla home page del sito *http://tools.rosinstrument.com/* è presente un'utility che permette di conoscere la posizione geografica dei proxy.

Fig.31

Selezionando l'icona "geo" dalla home page del sito indicato, si presenta una schermata simile alla seguente:

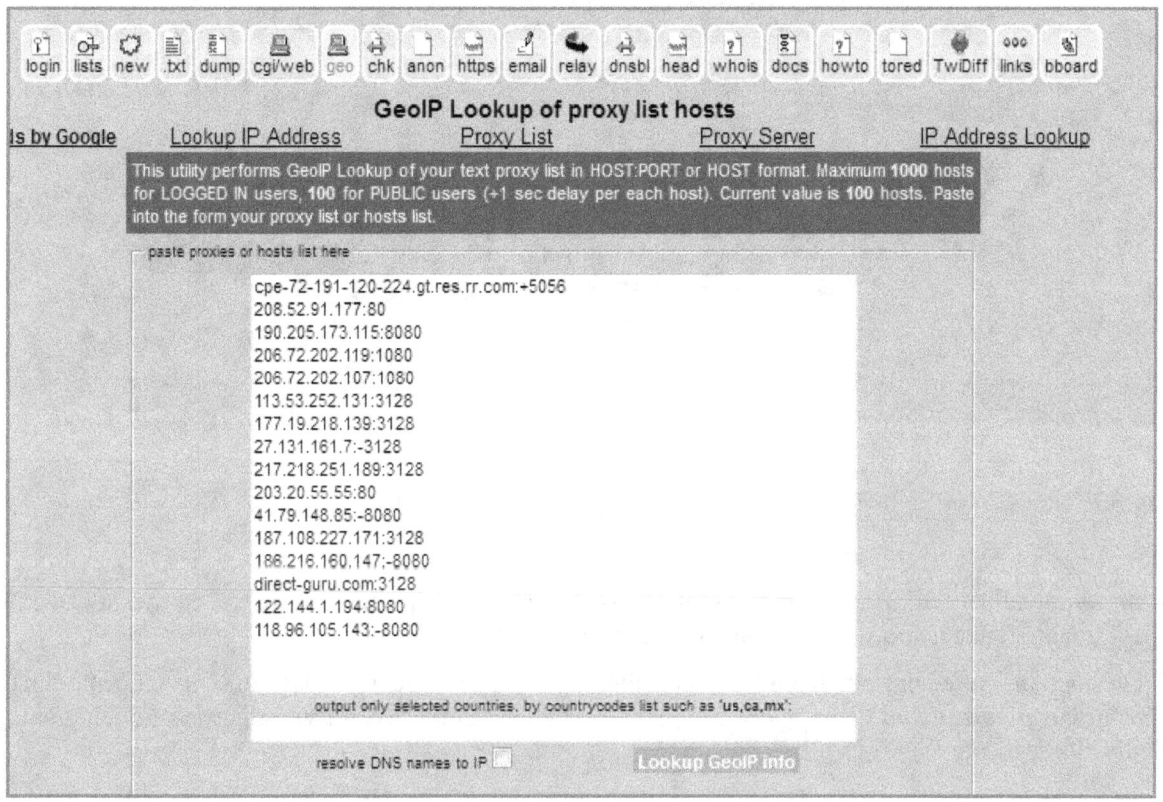

Fig.32

Nel menù intitolato "paste proxies or hosts list here" (evidenziato in giallo), lasciare gli hosts di default oppure cancellare tutto e aggiungere solamente il nostro.

Nel nostro caso, nella schermata precedente, premendo il pulsante "Lookup GeoIP info" viene visualizzata una schermata simile alla seguente:

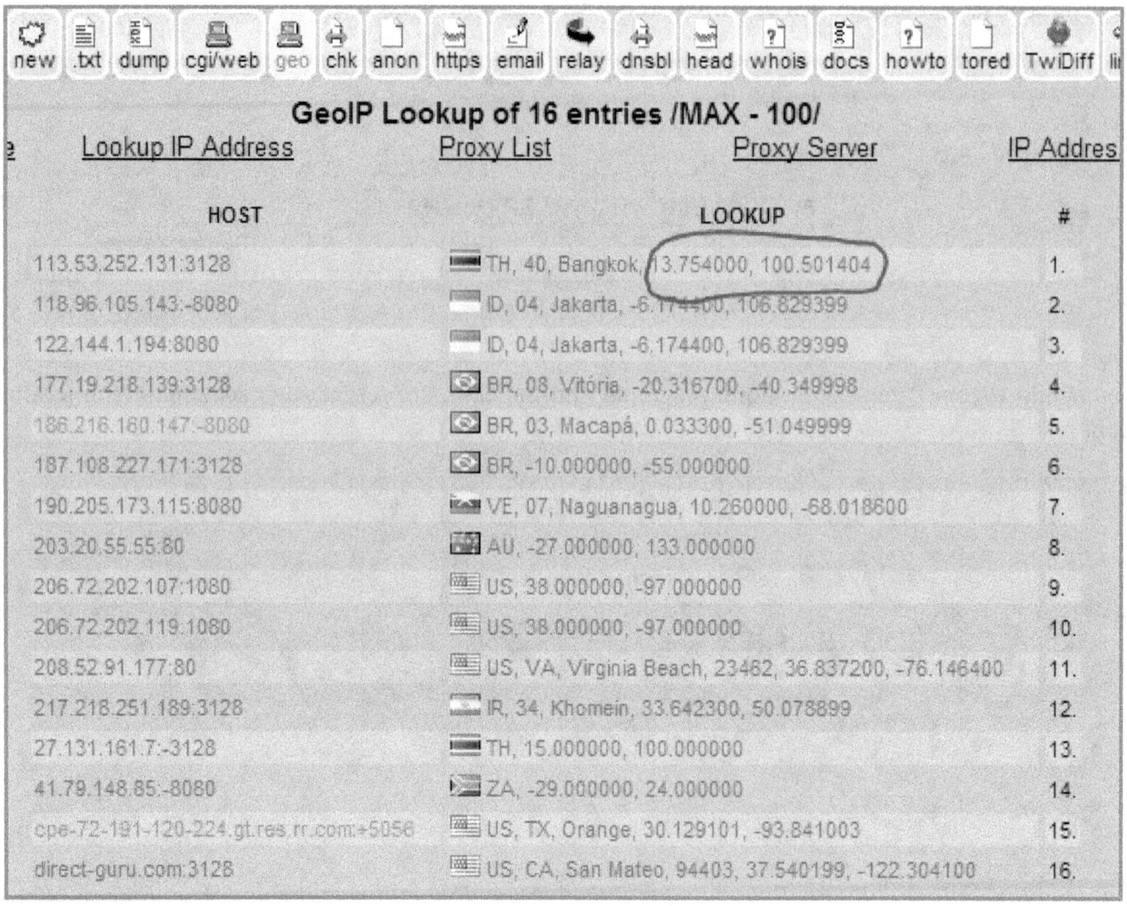

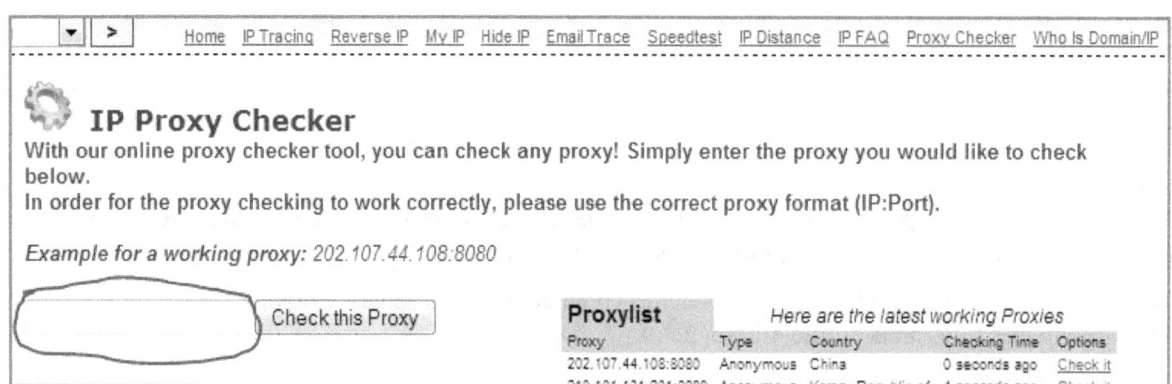

new .txt dump cgi/web geo chk anon https email relay dnsbl head whois docs howto tored TwiDiff
GeoIP Lookup of 16 entries /MAX - 100/
Lookup IP Address
Proxy List
Proxy Server
IP Addres
HOST
LOOKUP
#
113.53.252.131:3128
TH, 40, Bangkok, 13.754000, 100.501404
1.
118.96.105.143:-8080
ID, 04, Jakarta, -6.174400, 106.829399
2.
122.144.1.194:8080
ID, 04, Jakarta, -6.174400, 106.829399
3.
177.19.218.139:3128
BR, 08, Vitória, -20.316700, -40.349998
4.
186.216.160.147:-8080
BR, 03, Macapá, 0.033300, -51.049999
5.
187.108.227.171:3128
BR, -10.000000, -55.000000
6.
190.205.173.115:8080
VE, 07, Naguanagua, 10.260000, -68.018600
7.
203.20.55.55:80
AU, -27.000000, 133.000000
8.
206.72.202.107:1080
US, 38.000000, -97.000000
9.
206.72.202.119:1080
US, 38.000000, -97.000000
10.
208.52.91.177:80
US, VA, Virginia Beach, 23462, 36.837200, -76.146400
11.
217.218.251.189:3128
IR, 34, Khomein, 33.642300, 50.078899
12.
27.131.161.7:-3128
TH, 15.000000, 100.000000
13.
41.79.148.85:-8080
ZA, -29.000000, 24.000000
14.
cpe-72-191-120-224.gt.res.rr.com:+5056
US, TX, Orange, 30.129101, -93.841003
15.
direct-guru.com:3128
US, CA, San Mateo, 94403, 37.540199, -122.304100
16.

Fig.33

I due campi evidenziati in giallo rappresentano rispettivamente l'ip address e il paese dove si trova il proxy, mentre i due numeri cerchiati in blu sono le coordinate GPS.

Se desideriamo eseguire un controllo approfondito sul proxy scelto, inseriamo il seguente link *http://www.ip-adress.com/Proxy_Checker/* nella barra del browser; verrà visualizzata una schermata simile alla seguente:

Home IP Tracing Reverse IP My IP Hide IP Email Trace Speedtest IP Distance IP FAQ Proxy Checker Who Is Domain/IP
IP Proxy Checker
With our online proxy checker tool, you can check any proxy! Simply enter the proxy you would like to check below.
In order for the proxy checking to work correctly, please use the correct proxy format (IP:Port).
Example for a working proxy: 202.107.44.108:8080
Check this Proxy
Proxylist
Here are the latest working Proxies
Proxy Type Country Checking Time Options
202.107.44.108:8080 Anonymous China 0 seconds ago Check it

Fig.34

Per il test, utilizziamo il proxy della schermata precedente: 113.53.252.131:3128; inseriamo questi numeri (ip address e porta) nella casella cerchiata di blu e premiamo il tasto "Check this Proxy".

Sarà visualizzata la seguente schermata:

Fig.35

Come si nota, il proxy è attivo (is working) ed è un trasparent proxy (non è anonimo).

Con il mouse, selezioniamo la prima voce del menù "Proxy location on a big satellite" e sarà visualizzata la seguente schermata:

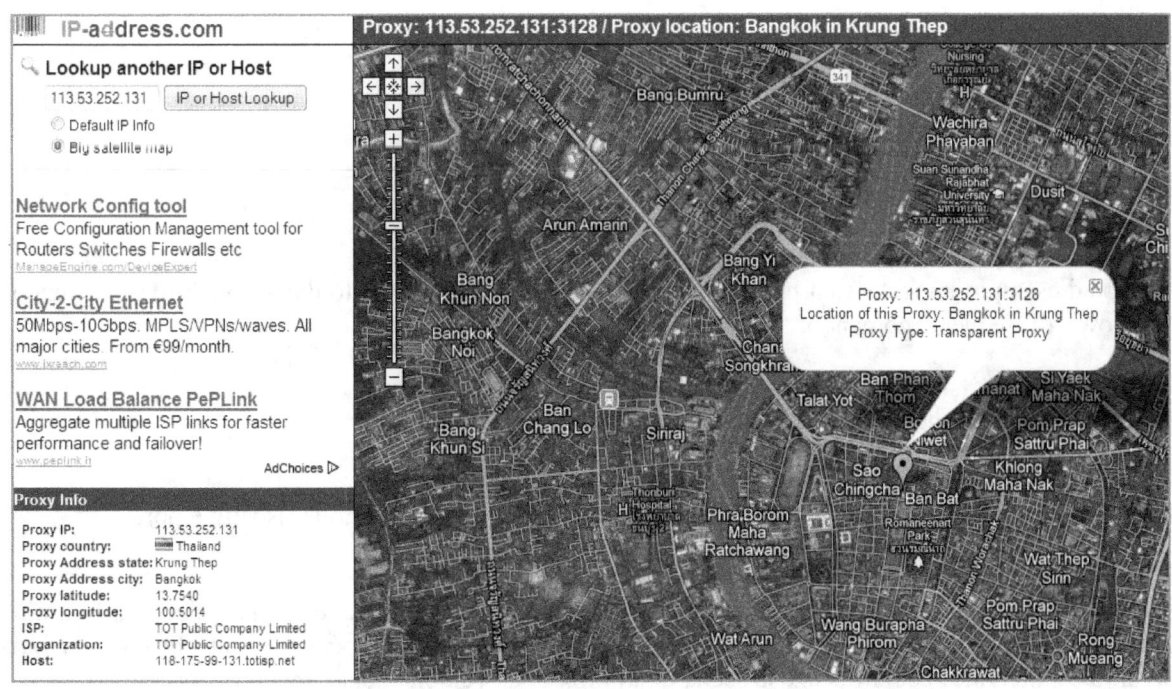

Fig.36

Nella parte sinistra, sotto "Proxy Info" si trovano tutti i dettagli del proxy, lo stato, la città, latitudine, longitudine, il nome del provider, dove è registrato, il suo host name.

Nella parte destra, invece, si trova la sua localizzazione geografica.

Concatenamento di Proxy

Durante la connessione ad un sito Internet, i proxy server si possono concatenare per cercare di rafforzare l'anonimità. In questo caso è necessario sottolineare che più è il numero dei proxy, più aumenta il tempo di risposta.

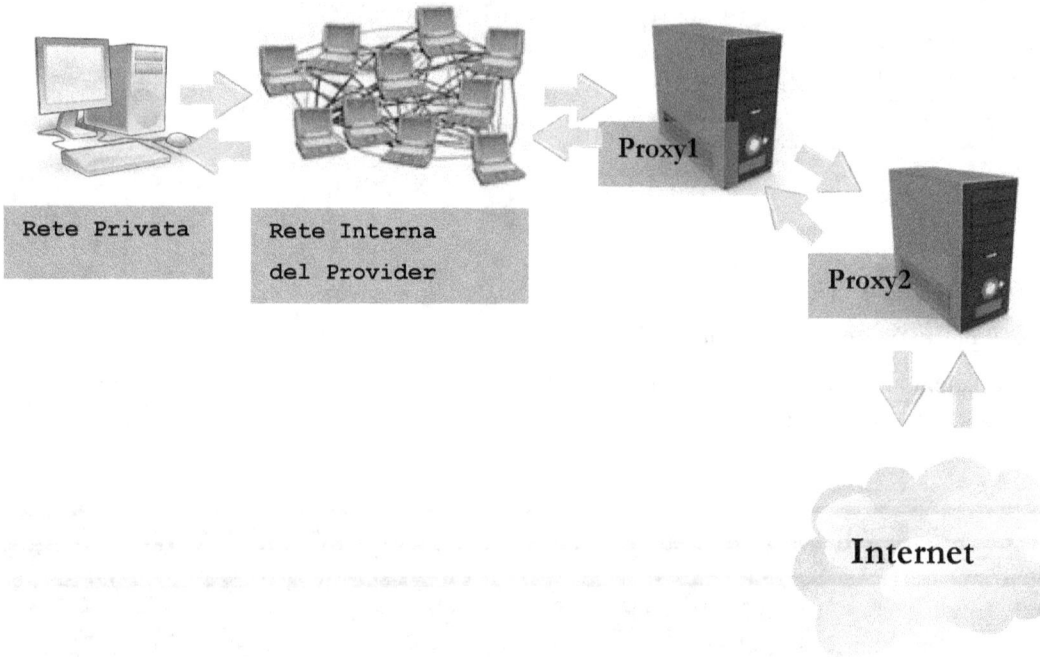

Fig.37

Si può ad esempio impostare un browser per utilizzare il concatenamento dei server Proxy inserendo nel browser il seguente comando:

http://Proxy1:Porta1/http://Proxy2:Porta2/http://www.Sito.it/

Proxy1/2 sono gli indirizzi dei due Proxy attraversati mentre porta1/2 sono le rispettive porte.

La richiesta è passata al Proxy1 il quale la passa al Proxy2 che la esegue; come si vede dalla figura il tempo di risposta del nostro client dipende dai rispettivi tempi di risposta dei due Proxy. Per cui un'altra caratteristica che influenza la scelta di un Proxy è la velocità del tempo di risposta.

Per concatenare più proxy abbiamo diverse scelte:

Utilizzando i proxy CGI

Come abbiamo appena visto, è sufficiente immettere, nell'indirizzo della barra di navigazione del proxy CGI, altri indirizzi di proxy CGI. Il problema oggi è che molti proxy CGI si controllano tra loro per impedire simili concatenamenti.

Combinazioni Proxy HTTP e Proxy CGI

Segue uno schema delle possibili combinazioni tra tipologie di proxy:

HTTP proxy >> CGI proxy >> CGI proxy ...

SOCKS proxy >> HTTP proxy >> CGI proxy ...

HTTP proxy >> SOCKS proxy >> CGI proxy ...

Mentre non possiamo realizzare la seguente combinazione:

CGI proxy >> HTTP proxy

o

CGI proxy >> SOCKS proxy

I rischi dei Proxy

Generalmente le comunicazioni che transitano da un server proxy non sono cifrate per cui è possibile che un server registri tutto ciò che transita da esso, compresi i login e le password che purtroppo in questo caso sono leggibili.

Facendo uso di un proxy a pagamento siamo sicuri che questo non accada ma contattando proxy in rete (senza nessuna garanzia di riservatezza dei dati) non siamo sicuri che ciò non avvenga.

L'utente in genere è vittima di un falso senso di sicurezza solo perché sta utilizzando un server proxy anonimo; è vero, salvaguarda l'anonimato agli occhi degli altri, ma contestualmente registra i nostri dati riservati. Per questi motivi è necessario essere cauti quando si utilizzano questi server, evitando di utilizzare informazioni private quali userid, password, numeri di carta di credito.

Se invece, per contattare il web server utilizziamo un protocollo che prevede la crittografia dei dati (es. Https), allora il proxy registra dati illeggibili. A questo punto è doverosa una precisazione.

Noi dobbiamo utilizzare proxy server solo per proteggere la nostra identità, senza altri scopi.

In realtà i server proxy possono e sono utilizzati da persone per scopi illeciti la cui principale preoccupazione è quella di essere totalmente non rintracciabili da qualsiasi autorità durante le loro attività. Generalmente gli Hacker per i loro scopi utilizzano server dislocati in nazioni in cui è molto difficile avere un contatto con le autorità giudiziarie per perseguirli. Per questo motivo in rete ci sono utility che indicano la tipologia di sicurezza del proxy (Anonymous Proxy, Distorting Proxy,..), la velocità e la dislocazione geografica.

In ogni caso, l'utilizzo di un proxy non ci rende completamente anonimi: l'anonimato assoluto non esiste; ci sono invece, come abbiamo visto, diversi livelli di anonimato.

Tor (The Onion Routing)

Analizziamo ora un'applicazione utilizzata per costruire un'intera rete anonima, in grado di collegare tra loro molti computer e quindi molti utenti dislocati in tutto il mondo.

Il progetto nasce grazie alla sponsorizzazione del US Naval Research Laboratory, in seguito è stato un progetto della Electronic Frontier Foundation ed ora è gestito da The Tor Project, un'associazione senza scopo di lucro composta da persone di tutto il modo che mettono a disposizione della comunità di Internet il loro computer e parte della loro banda di connessione alla rete.

Tor (The Onion Routing) è un progetto che ha come obbiettivo quello di garantire l'anonimato in Internet, esso è un sistema di comunicazione basato sul concetto di proxy e sulla collaborazione tra gli utenti, per realizzare una rete a prova di identificazione. Il funzionamento della rete Tor è concettualmente semplice: i dati di una qualsiasi comunicazione non transitano direttamente dal client (noi) al server (sito da visitare), ma passano attraverso i server Tor che agiscono da router costruendo un circuito virtuale crittografato a strati. Il traffico interno alla rete Tor è nascosto. In pratica, se voglio visitare un sito utilizzando Tor, mi collegherò prima di tutto alla rete di Tor, poi attraverserò una serie di server, dislocati in varie parti del mondo, e alla fine raggiungerò il sito.

Un osservatore esterno (con uno sniffer per esempio) vedrà soltanto la mia connessione ad un server di entrata della rete Tor, non intercetta nulla del traffico che avviene all'interno della rete; alla fine vedrà un collegamento che esce da un server della rete Tor che accede ad un sito. L'osservatore esterno non sarà in grado di vedere a che sito mi sono collegato; il gestore del sito non è in grado di risalire al vero ip address che ha originato la richiesta.

Le comunicazioni tra i nodi Tor del circuito sono cifrate (non in chiaro), tranne il tratto tra l'ultimo nodo Tor (detto exit node) e la destinazione finale (il sito da visitare), che è in chiaro. Se la destinazione è un sito raggiungibile con il protocollo https (invece che http) allora l'intera comunicazione è cifrata e sfugge all'analisi di un eventuale osservatore posto nella tratta finale della rete. Questo significa che l'anonimato di chi ha eseguito la richiesta è garantito, ma i dati che transitano dall'ultimo nodo Tor (con il protocollo http) al sito di destinazione possono essere intercettati (es. password, numeri carte di credito, …).

Segue lo schema di funzionamento della rete Tor.

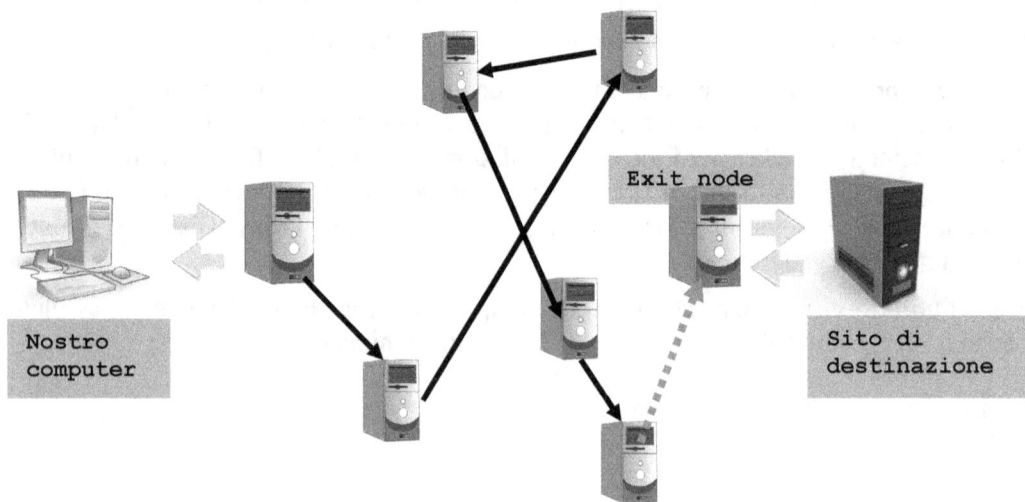

Fig.38

Le frecce di colore nero indicano una comunicazione protetta (non in chiaro) mentre la freccia rossa tratteggiata indica che la comunicazione tra l'ultimo server Tor ed il sito di destinazione avviene in chiaro. Tor è un programma gratuito, disponibile per i principali sistemi operativi (Windows, Macintosh, Linux/Unix). È composto da un proxy (chiamato relay) e da un programma che serve per connettersi agli altri nodi e crittografare il traffico. A seconda delle impostazioni, possiamo utilizzarlo sia per navigare in modo anonimo, sia per diventare noi stessi parte della rete, accettando di mettere a disposizione una parte della nostra connessione per agire da nodo, ossia da server. Tor si utilizza per la navigazione anonima in Internet, per inviare e ricevere e-mail, oppure si può utilizzare nei servizi di messaggistica istantanea, come MSN o IRC.

I livelli di utilizzo di Tor sono quattro.

Client

Configurazione base: ci colleghiamo alla rete di Tor ma non ne facciamo parte.

Relay traffic inside the tor network, non-exit relay(Relay di mezzo)

Siamo parte della rete di Tor e il nostro computer agisce come uno dei nodi interni, attraverso i quali si instradano le comunicazioni degli altri utenti. Siamo parte integrante della rete e siamo protetti dalla crittografia.

Relay traffic for the tor network, exit relay(Relay di uscita)

Nodo di uscita dalla rete. È il più esposto, perché il traffico che esce dalla rete Tor può essere intercettato dall'esterno della rete per cui è anche il nodo più importante. Se scegliamo questa opzione, possiamo decidere a quali siti vogliamo consentire o vietare l'accesso.

Help censored users reach the tor network (Relay ponte)

Un tipo di nodo molto particolare, progettato per la connessione alla rete Tor da un paese in cui la censura è molto presente e sono attivi sistemi di filtraggio finalizzati a bloccare Tor. Esso utilizza una tecnologia diversa dagli altri nodi ma per i client non fa alcuna differenza.

Tor Browser

E' una versione portable, che non ha bisogno di essere installata e si può usare anche da chiavetta USB. Si tratta di un browser in cui sono presenti tutte le funzioni di Tor, ed è basato su Mozilla Firefox. In pratica, usando Tor Browser, navighiamo in Internet con un programma identico a Firefox, ma con le funzioni offerte da Tor, per garantire protezione e anonimato. Nella versione per Windows, inoltre, è disponibile anche un programma di instant messaging (tipo MSN, per intenderci), sempre protetto da Tor e come parte integrante del browser.

Lo possiamo scaricare dal seguente link:

https://www.torproject.org/projects/torbrowser.html.en, nella lingua che preferiamo.

Dopo averlo scaricato, fare doppio clic con il mouse sul file zip, si aprirà una schermata che chiederà di scegliere la cartella in cui estrarre il contenuto. Scegliere la posizione sul disco fisso del computer, e poi premere "**Ok**". In breve tempo, il contenuto sarà estratto in una cartella dal nome "**Tor Browser**"

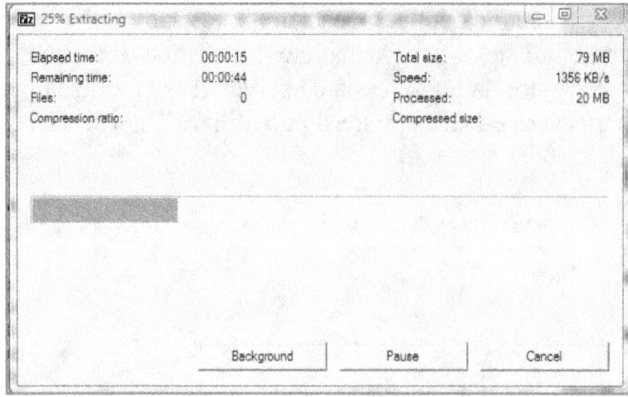

Fig.39

Nella cartella Tor Browser si trovano altre quattro cartelle e il file "Start Tor Browser": le cartelle contengono la documentazione e le componenti del programma, mentre il file "Start Tor Browser" serve per avviarlo.

Nome	Ultima modifica	Tipo
App	17/03/2012 0.10	Cartella di file
Data	17/03/2012 0.10	Cartella di file
Docs	17/03/2012 0.10	Cartella di file
FirefoxPortable	17/03/2012 0.10	Cartella di file
Start Tor Browser.exe	17/03/2012 0.10	Applicazione

Fig.40

Doppio clic con il mouse su "Start Tor Browser.exe" e sarà visualizzata la seguente schermata.

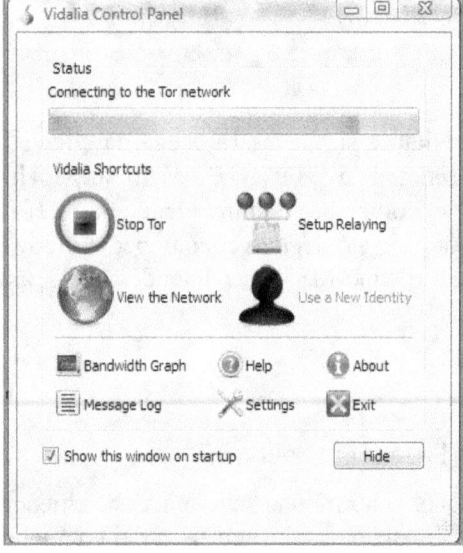

Fig.41

Le funzioni principali sono quattro:

1. **Stop Tor:** per chiudere Tor e uscire dalla rete.

2. **Setup relaying**: per gestire il nodo di Tor, se ne abbiamo attivato uno. Generalmente, con **Tor Browser** la sessione è impostata come client, cioè come semplici utenti della rete. Se invece si desidera diventare parte della rete e ospitare un nodo, allora selezioniamo "Relay traffic inside the network".

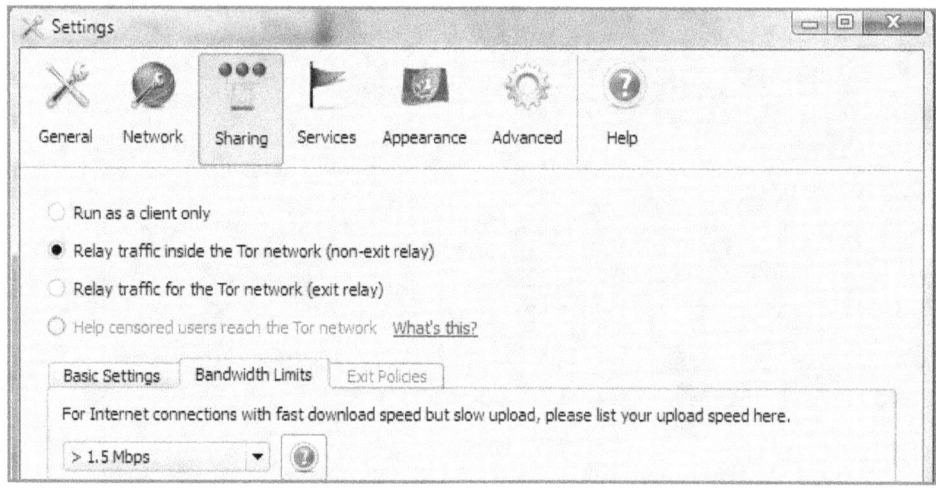

Fig.42

3. **View the network**: apparirà una mappa del mondo, per mostrare la posizione degli altri nodi attivi in quel momento.

4. **Use a new identity:** permette di "cambiare strada" e far perdere le tracce, in ogni caso, attribuendo un nuovo profilo come utente.

A questo punto, si aprirà una finestra di Firefox, con la quale navighiamo normalmente. La differenza rispetto al solito sarà che, in questo modo, saremo protetti da Tor. Come abbiamo già detto, la navigazione sarà anche più lenta del solito perché usando catene di proxy i tempi di risposta aumentano.

Possiamo copiare la cartella "**Tor Browser**" su una chiavetta USB, ed usarla su qualsiasi computer (con lo stesso sistema operativo, ovvio). Sarà sufficiente inserire la chiavetta ed avviare il programma. Ricordiamo poi che con Tor Browser soltanto le connessioni che avverranno con esso saranno protette. Se ci colleghiamo con un browser diverso da quello in dotazione (nella cartella "tor browser"), oppure se utilizziamo altri programmi per accedere a Internet, allora quelle connessioni non saranno protette. Per una protezione totale, bisogna ricorrere alla versione installabile sul computer che si chiama **Tor Vidalia**.

Tor Vidalia

Tor Vidalia è la combinazione di due programmi: **Tor**, che ci connette alla rete tor, e **Vidalia**, la sua interfaccia grafica, che serve per configurarlo facilmente. **Vidalia** ci permette di avviare e chiudere Tor, di vedere il consumo della nostra banda di connessione, quanti collegamenti abbiamo attivi al momento, vedere come sono distribuiti i nodi della rete Tor nel mondo e così via.

A differenza di Tor **Browser**, Vidalia è un programma che deve essere installato.

Per scaricarlo, andiamo al seguente link

https://www.torproject.org/download/download.html.en e scegliamo il nostro sistema operativo.

Dopo aver scaricato e avviato l'installazione, sarà visualizzata la seguente schermata (sistema operativo Windows):

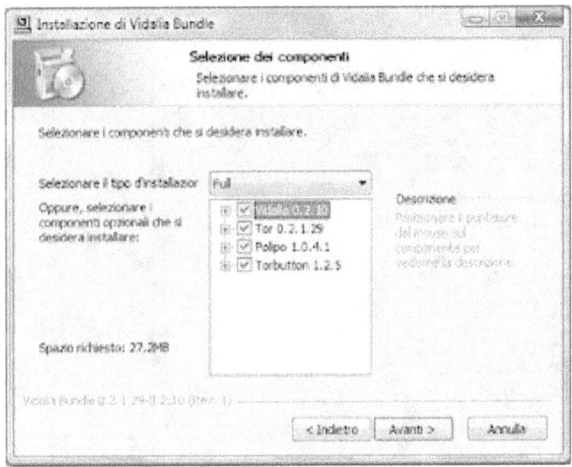

Fig.43

I componenti sono quattro: **Vidalia, Tor, Polipo e Torbutton.**

- **Vidalia** è l'interfaccia grafica per controllare Tor.

- **Tor** è il programma per collegarsi alla rete.

- **Polipo** è un programma che serve per ottimizzare la connessione agli altri proxy della rete di Tor.

- **Torbutton** è l'estensione di **Firefox**, che serve per la connessione/disconnessione dalla rete Tor con un clic. Se non usiamo il browser Firefox allora possiamo deselezionare questa voce.

Per procedere con l'installazione, si tratta solo di premere i tasti **OK** e **Avanti**.

La configurazione è esattamente uguale a quella vista prima per Tor Browser.

Prima di attivarlo però è necessario configurare il browser, facendo in modo che le comunicazioni del browser siano instradate obbligatoriamente verso il server tor installato sulla nostra macchina.

Per fare questo ci riferiamo a quanto detto nel paragrafo "**Browser Configured Proxy Servers** " a proposito della configurazione del browser per inserire un server proxy.

In ogni caso, a titolo di esempio, per un browser Firefox, dalla barra dei comandi selezionare Strumenti > Opzioni > Avanzate > Rete > Impostazioni, apparirà la seguente schermata:

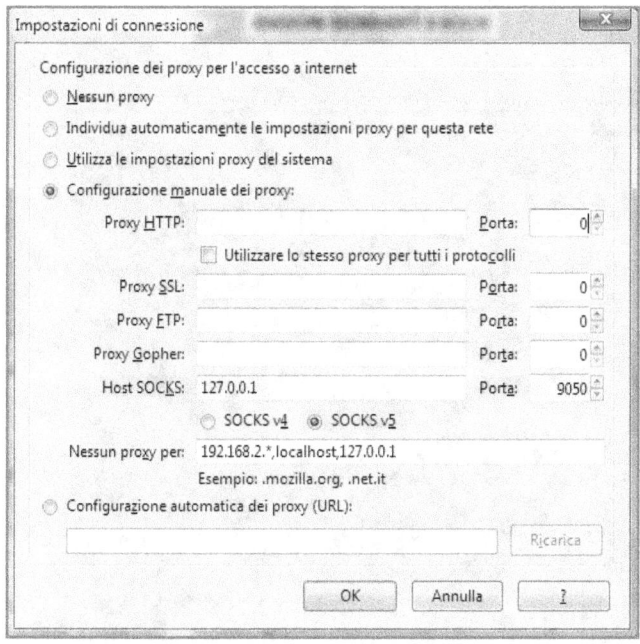

Fig.44

Nel campo Host Socks (evidenziato in giallo) inserire: 127.0.0.1, nel campo porta, digitare 9050 e poi selezionare l'opzione SOCKS v5.

Ogni computer del mondo possiede uno pseudo indirizzo 127.0.0.1 che è generalmente utilizzato per eseguire i test di applicazioni senza utilizzare la rete; infatti, le applicazioni che utilizzano tale indirizzo non escono sulla rete Lan ma restano nel computer stesso.

In questo modo, il browser prima passa dalla rete tor e poi ragginge il sito di destinazione.

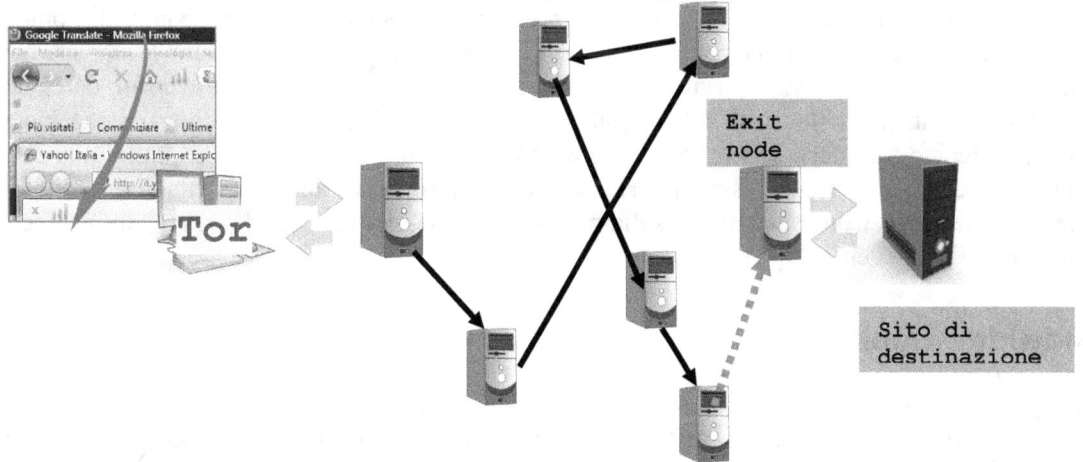

Fig.45

Network Map

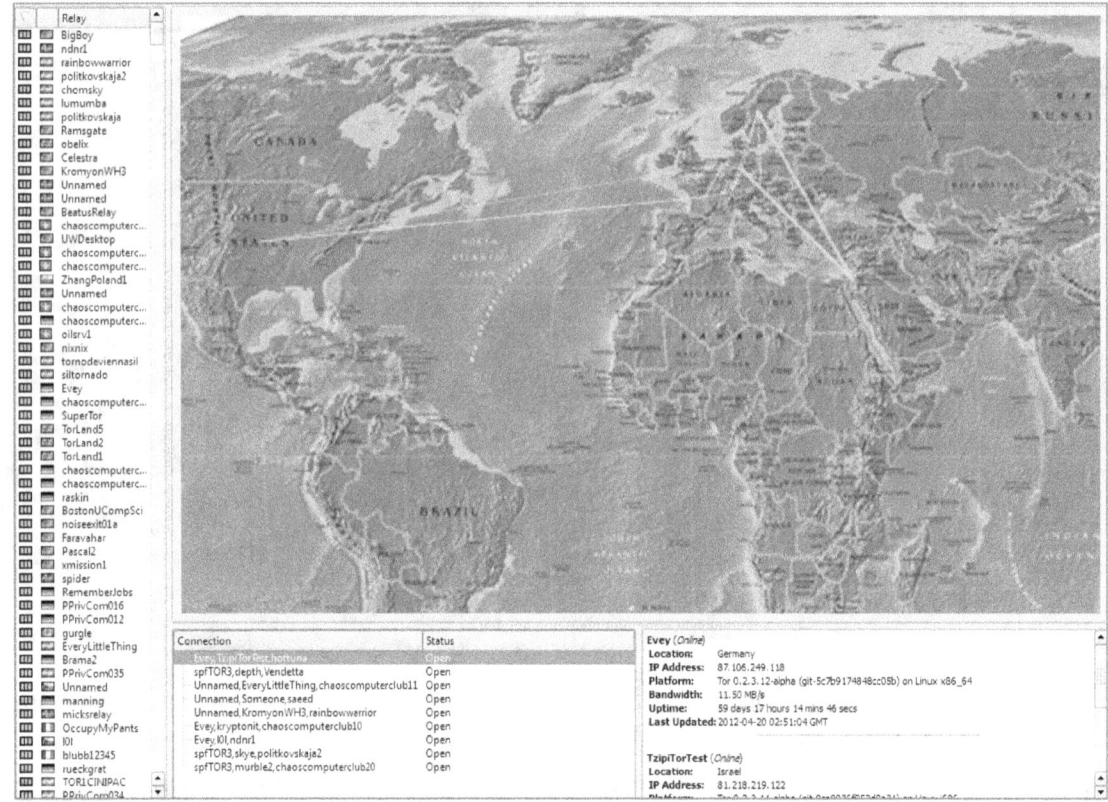

Fig.46

La mappa della rete Tor elenca tutti i server disponibili (relay) che in questo momento fanno parte della rete. La barra laterale sinistra elenca i server ordinati per larghezza di banda disponibile e posizione geografica. Sotto la mappa del mondo vi è il riquadro delle Connessioni e, alla sua destra, quello dei dettagli del relay. Il primo visualizza i nomi dei server Tor attraversati dalla nostra connessione anonima. Le linee di colore giallo sulla mappa (che toccano i diversi stati) indicano proprio il percorso tra questi server; se vogliamo analizzare in dettaglio una di queste connessioni, facciamo clic con il mouse su di essa e nel riquadro a destra sono visualizzati i dettagli di tutti i server di quella connessione. Contestualmente, sulla mappa, le connessioni tra questi server cambiano colore e sono evidenziate in verde.

Bandwidth Graph

Dal menù principale, dopo avere selezionato l'opzione "bandwidth graph", sarà visualizzata la seguente schermata:

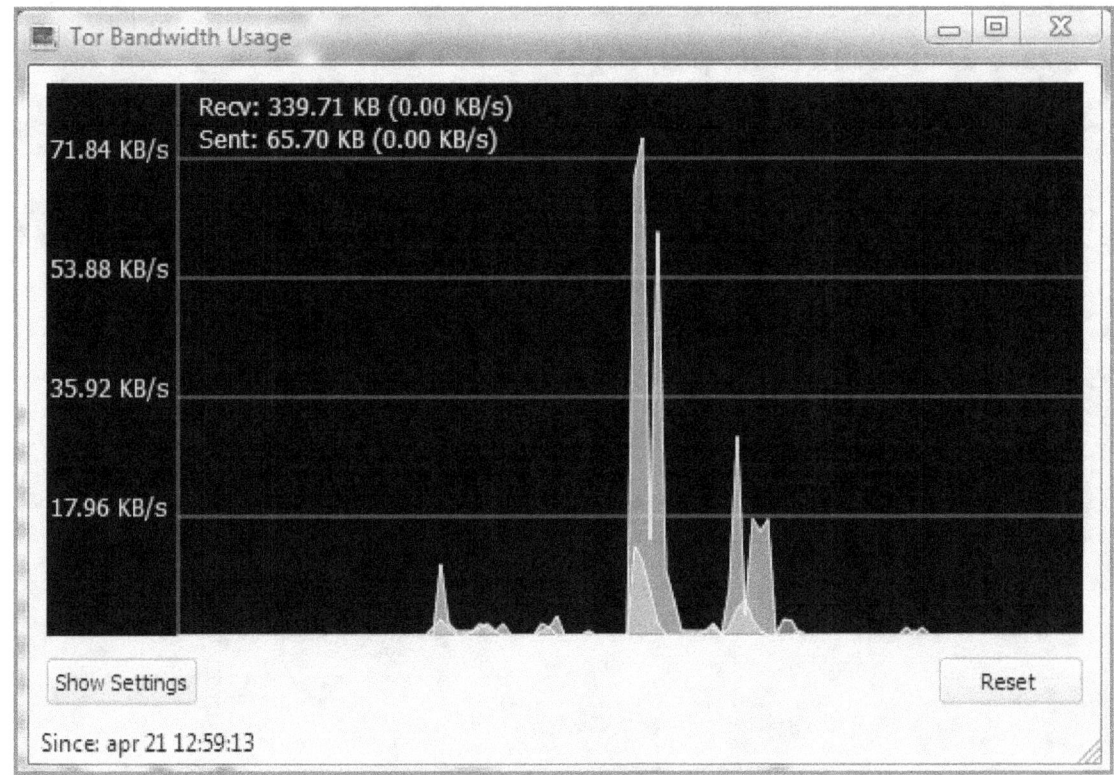

Fig.47

Nel caso di funzionamento come client, il grafico visualizza il numero di bytes ricevuti ed inviati; mentre se configuriamo tor come "relay di mezzo", il grafico riporta l'utilizzo della banda che noi abbiamo messo a disposizione degli altri client.

Durante la configurazione come "relay di mezzo", è necessario impostare la quantità (in kb/sec) della nostra banda che vogliamo dedicare ai client, utilizzatori del nostro relay; questo significa che avremo a disposizione meno banda per la connessione ad Internet.

Per questo motivo, con tor impostato come client, è buona norma non utilizzarlo per fare il download di musica o film utilizzando software P2P (Emule ed altri software affini). In questo specifico caso, occupiamo tutta la banda messa a disposizione da ogni client. Questo comportamento non è corretto perché le persone che attivano tor come relay, lo fanno di loro spontanea volontà mettendo a disposizione parte della loro banda per la connessione ad Internet.

Visualizzare documenti (doc, pdf, ...)

Non aprire documenti scaricati con Tor mentre si è online.

Il Tor Browser avviserà prima di aprire automaticamente i documenti che sono gestiti da applicazioni esterne.

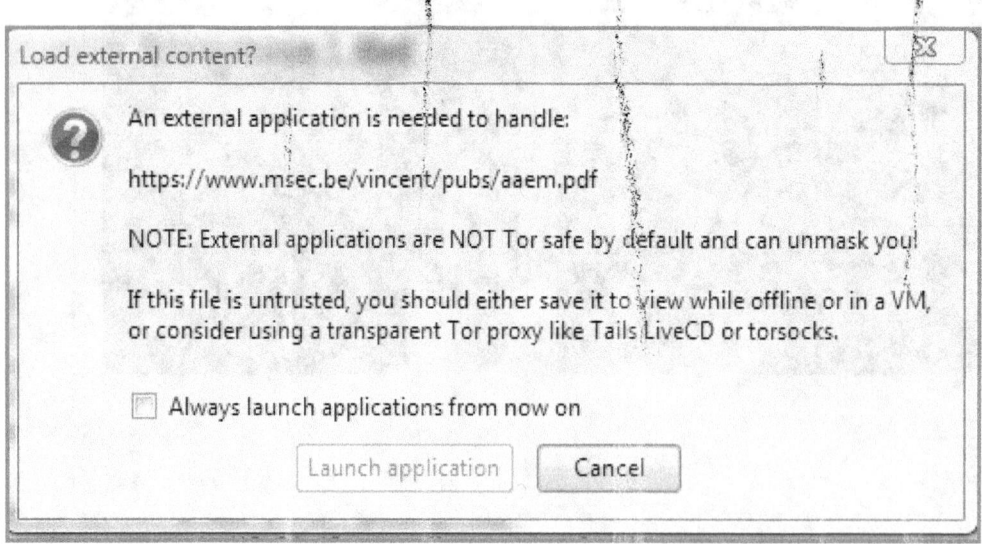

Fig.48

È necessario essere molto cauti quando si scaricano documenti via Tor (soprattutto DOC e PDF) perché essi possono contenere link che eseguono il download del documento al di fuori della rete Tor, rivelando il nostro vero ip address.

Se abbiamo la necessità di visualizzare qualsiasi documento, è necessario prima salvarlo sul disco fisso e consultarlo in seguito con un computer non connesso alla rete tor.

Ultimo nodo.. anello debole

Come abbiamo visto in precedenza, se la comunicazione tra il client (noi) ed il sito di destinazione avviene con una connessione non protetta (http), allora la comunicazione tra l'ultimo nodo Tor ed il sito di destinazione avviene in chiaro, i dati sono leggibili da uno sniffer posizionato sull'ultima tratta della connessione.

Ammettiamo di avere una macchina su cui abbiamo attivato Tor come exit-node (ultimo nodo) ed attiviamo il nostro sniffer (es. wireshark) per catturare il traffico che attraversa la nostra macchina.

In questa situazione siamo in grado di leggere qualsiasi informazione in chiaro: userid, password, contenuto di email, numeri di carte di credito ed altro ancora.

Ora pensiamo che a gestire l'exit-node sia un malintenzionato o un'altra persona interessata ad informazioni riservate.... è molto preoccupante.

È quindi molto importante utilizzare sempre una comunicazione protetta (https) in cui i dati sono crittografati.

Privoxy

La rete tor serve per mascherare il nostro ip address, ma non le informazioni che "esportiamo" involontariamente con il browser (Fig.1).

E' necessario, quindi, utilizzare un altro software che attivi dei filtri in modo da garantire che la visione delle pagine web avvenga senza pubblicità, pop-up, banner, Javascript, cookies, webbugs ed in particolare che non siano visualizzate le informazioni riguardanti il livello ed il nome del browser, la nazione, la lingua ed altre informazioni di cui abbiamo parlato nei paragrafi precedenti.

Prima di installare privoxy, è necessario installare (se non è già presente) il browser Mozilla Firefox eseguendo il download dal sito *http://www.mozilla.org/en-US/firefox/new/*

Eseguire poi il download di Privoxy (e poi l'installazione) dal sito

http://sourceforge.net/projects/ijbswa/files/, dopo avere scelto il sistema operativo.

Configuriamo ora il browser Mozilla Firefox facendo in modo che la nostra connessione passi prima dal proxy locale Privoxy e poi si diriga, attraverso la rete tor, verso il server di destinazione.

Per eseguire questa operazione andiamo nella schermata "impostazioni di connessione" come visto nelle figure 23 e 26.

Nella schermata che appare, selezioniamo il bottone "Manual proxy configuration" e nei campi "Http Proxy" e SSL Proxy inseriamo il valore 127.0.0.1 mentre nel campo Porta inseriamo il valore 8118.

Infine nel campo SOCKS Host inseriamo il valore 127.0.0.1 e nella porta il valoer 9050.

Premiamo il tasto OK.

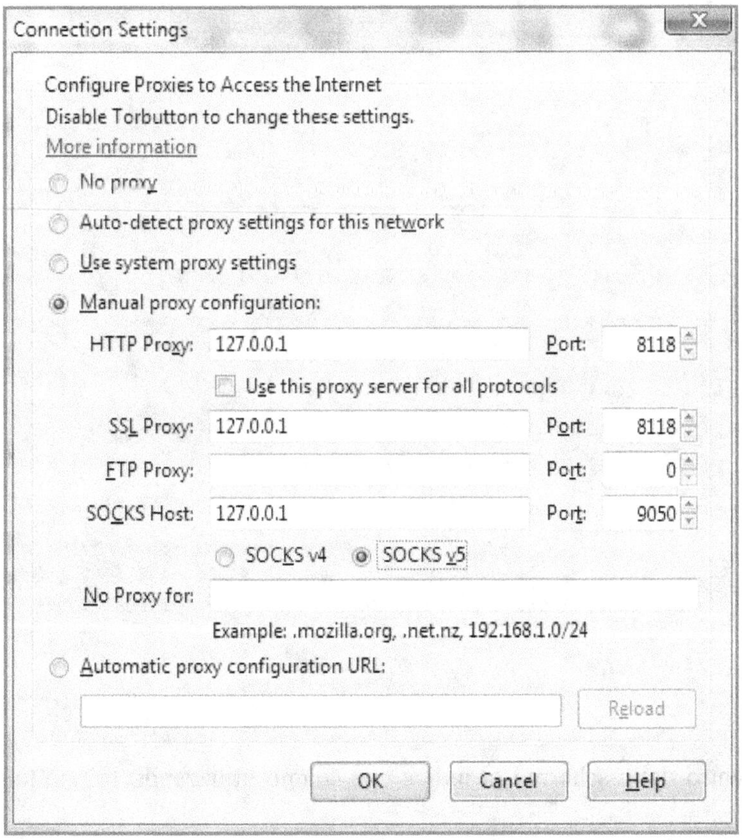

Fig.49

Attiviamo ora Privoxy e poi Vidalia (Gui da cui attivare tor - dal menù di configurazione di Vidalia è possibile automatizzare questa operazione in modo che attivato tor si attivi automaticamente anche Privoxy).

Per controllare che Privoxy e Vidalia siano attivi nel menu in basso a destra dello schermo sono presenti due icone:

Fig.50

L'icona di Privoxy è un cerchio blu o verde con una "P" all'interno, mentre Vidalia si presenta come una piccola "cipolla verde" per indicare che Tor è attivo, o una cipolla scura con una "X" rossa quando Tor è spento.

Verifichiamo ora che tor sia veramente in funzione e per fare ciò, apriamo il browser Mozilla Firefox configurato in precedenza ed inseriamo il seguente link *http://torcheck.xenobite.eu/* nella barra degli indirizzi.Sarà visualizzata una schermata simile alla seguente:

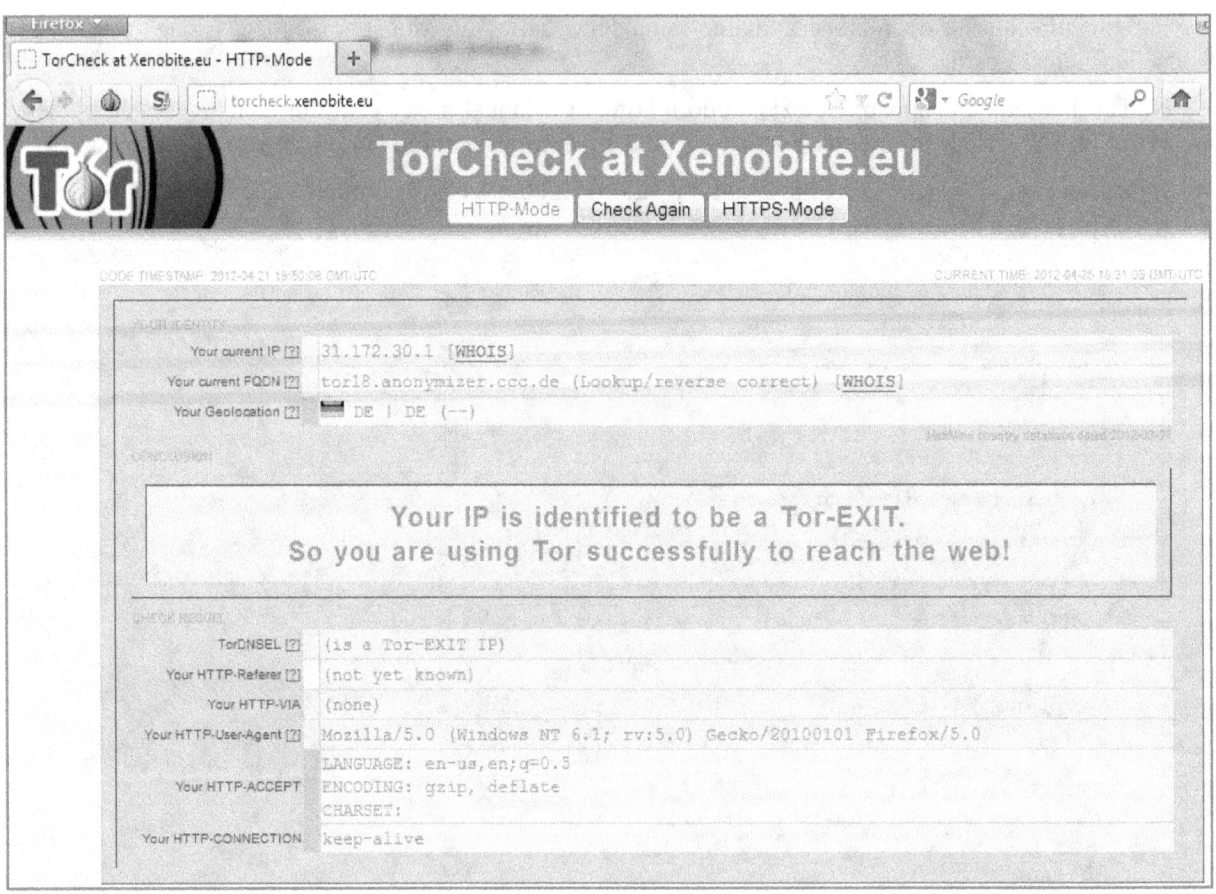

Fig.51

Come si nota, la scritta in verde al centro dello schermo ci indica che stiamo utilizzando la rete tor correttamente.

Note

Quello che abbiamo visto ora (tor) è uno dei tanti strumenti per attivare il nostro anonimato durante la navigazione in rete. Quello che non dobbiamo assolutamente fare è utilizzarlo per compiere atti illeciti o fraudolenti.

Lo scopo del libro è di descrivere come navigare in modalità anonima e come questa può essere sfruttata da un malintenzionato che può agire nell'ombra: noi non dobbiamo essere "il malintenzionato".

Le 10 regole della sicurezza

"I dati confermano che il malware continua a viaggiare su internet a ritmi vertiginosi, ogni 14 secondi gli esperti di SophoLabs individuano una nuova pagina web infetta, e nella maggior parte dei casi si tratta di portali autentici infettati dagli hacker, ad esempio della PA, di università, di agenzie di viaggio, solo uno su cinque è realizzato ad hoc dai pirati informatici. Spesso involontariamente un uso non protetto di internet e della posta elettronica può mettere a serio rischio la rete aziendale. In molti casi è la mancata consapevolezza delle possibili conseguenze a generare il pericolo, ecco perché diventa fondamentale seguire regole ed accorgimenti di sicurezza" Fonte : Sophos Italia.

Seguono alcune regole fondamentali per rendere la navigazione più sicura:

1. Usare un software antivirus e tenerlo sempre aggiornato É importante disporre di un sistema in grado di aggiornare tutti i computer regolarmente e tempestivamente: il nuovo malware può diffondersi con estrema rapidità. Inoltre, vanno installate regolarmente le patch del sistema operativo utilizzato, in modo da poter chiudere eventuali vulnerabilità che possono esporre il PC al pericolo di attacchi.

2. Non effettuare mai acquisti suggeriti da e-mail non richieste. Il pericolo è di vedere inserito il proprio indirizzo e-mail nelle liste che vengono vendute agli spammer, con il duplice svantaggio di ricevere ulteriore e-mail spazzatura c di aumentare il rischio di finire vittime di frodi.

3. Usare un personal firewall sui computer collegati a Internet. Esso protegge i computer collegati con la rete Internet.

4. Non rispondere allo spam e ignorare i link al suo interno. Rispondere ai messaggi spam, anche semplicemente per cancellare l'adesione alla mailing list, conferma la validità del nostro indirizzo e-mail allo spammer, che invierà una maggiore quantità di messaggi.

5. Non usare la modalità "anteprima" nel client di posta. Essa apre il messaggio e comunica agli spammer che la loro e-mail è arrivata a destinazione con successo. Quando si controlla la posta è possibile capire, anche solo in base all'oggetto e al mittente, se si tratta di un messaggio spazzatura.

6. Creare un indirizzo di posta fasullo per i moduli web e comunicare l'indirizzo principale solo agli amici. Non pubblicare mai l'indirizzo principale su forum, newsgroup o altri siti pubblici; gli spammer potrebbero facilmente intercettarli con l'utilizzo di programmi che controllano Internet alla ricerca di indirizzi e-mail.

7. Non rispondere mai ai messaggi che richiedono informazioni finanziarie personali. Diffidare delle e-mail che richiedono di inserire password e dettagli relativi a conti bancari o che includono link per effettuare tali operazioni. Le banche e le società di e-commerce non spediscono messaggi di questo genere.

8. Visitate i siti internet delle banche digitando l'indirizzo nell'apposita barra Non selezionate i link presenti nei messaggi di posta indesiderata. I "phisher" possono utilizzare questi

collegamenti per reindirizzare l'utente su un sito web fantasma. Meglio digitare l'indirizzo del sito nell'apposita barra per navigare all'interno della pagina autentica.

9. Non cliccare sui popup. Se appaiono popup, come quelli che avvertono della presenza di virus sul computer e che offrono una soluzione, non selezionate il link e non autorizzate nessun download. Potreste scaricare e installare software potenzialmente dannosi.

10. Non salvate le password sul computer o su dispositivi on-line. I malintenzionati potrebbero essere in grado di accedere al vostro computer e trovare le password.

Seguendo questi consigli e adottando le soluzioni più aggiornate di protezione, si crea una buona barriera difensiva per il nostro computer.

Riflessione

Abbiamo visto com'è possibile avere una connessione anonima e come impedire al browser di esportare informazioni che riguardano la nostra privacy. Ammettiamo ora di avere una rete con tutte le protezioni possibili e immaginabili attive, per cui il grado di sicurezza della connessione è molto elevato. Supponiamo, inoltre, di utilizzare un browser che non ha installato gli ultimi aggiornamenti software. Una connessione sicura, però, non garantisce anche per gli altri componenti software attivi sul nostro computer.

Un malintenzionato, non ci attaccherà senza dubbio in una rete così protetta ma sfrutterà i bugs (errori di programmazione) del nostro browser.

Tutto questo per dire che è necessario avere sempre installato gli ultimi aggiornamenti software del sistema operativo, del browser e degli altri componenti installati nel computer; è buona cosa, inoltre, attivare anche un personal firewall ed avere un robusto antivirus.

Dobbiamo sempre tenere alto il grado di sicurezza di tutti i componenti software del nostro computer.

www.ingramcontent.com/pod-product-compliance
Lightning Source LLC
Chambersburg PA
CBHW081056170526
45166CB00006B/2089